Auf dem Weg zum Licht
Spirituelles Lesebuch
für die Advents- und Weihnachtszeit 2006

Auf dem Weg zum Licht

Spirituelles Lesebuch

FÜR DIE ADVENTS- UND WEIHNACHTSZEIT

2006

benno
VERLAG

Bibliografische Information Der Deutschen Bibliothek
Die Deutsche Bibliothek verzeichnet diese Publikation
in der Deutschen Nationalbibliografie;
detaillierte bibliografische Daten sind im Internet
über http://dnb.ddb.de abrufbar.

ISBN-10: 3-7462-1857-8
ISBN-13: 978-3-7462-1857-1

St. Benno-Verlag GmbH
04159 Leipzig, Stammerstr. 11
www.st-benno.de
Zusammengestellt von Bettine Reichelt
Umschlaggestaltung: Ulrike Vetter, Leipzig, unter Verwendung eines Bildes von picture-alliance/ZB
Gesamtherstellung: Kontext, Lemsel

Inhaltsverzeichnis

Hinführung:

Bettine Reichelt: Gottes Liebe empfangen 10

1. Adventswoche: Türen öffnen

Adventshymnus 12

1 Thessalonicher 5,23.24:
Der Gott des Friedens 12

Benedikt XVI.: Das eigene Leben öffnen 13

Peter Spangenberg: Die Tore weit 17

Bernhard Löffler: Zeichen am Weg 17

Lukas 13,22–29: Durch die schmale Pforte 20

Paul Roth: Meditation 21

Andrea Pichlmeier:
Die Tür in der Passauer Gablergasse 22

2. Adventswoche: Die Zeichen der Zeit erkennen

Hildegard Nies: Komm! 26

Jesaja 42,1-9: Das erste Lied
vom Gottesknecht 27

Johanna Kopp: Wenn erst die Wüste blüht 28

Georg von Weißel: Oh, wohl dem Land 32

Gerhard Feige:
  „Denn die Gnade Gottes ist erschienen ..." ... 33

Jürgen Moltmann:
  Wir warten auf dein Kommen 37

Anonymus: Der heilige Nikolaus 38

Georg Kardinal Sterzinsky:
  Adventsbräuche – Stützpfeiler für die Seele .. 41

3. Adventswoche: Unterwegs zum Licht

Josef Weinheber: Anbetung des Kindes 44

Benedikt XVI.: Hilfreiche Wegzeichen 45

Pierre Stutz:
  Grund der Hoffnung. *Nach Jesaja 35,1–7* 46

Adalbert Ludwig Balling: Durch Gottes Licht
  in die Welt hineinleuchten 47

Jürgen Ziemer: Einsam und hoffnungsvoll 49

Hildegard Nies: Wenn wir uns aufmachen 52

Jo Krummacher: Seht, das Kind 54

Christoph Dinkel: Sinnliche Weihnachten 55

4. Adventswoche:
Sich auf das Unfassbare vorbereiten

Max Feigenwinter: Vielleicht 62

Benedikt XVI.: Vorbereitung auf das Fest 63

Joachim Wanke: „Bitte, bleiben Sie dran!" 65

Arnim Juhre: Worauf warten wir 68

Georg Kardinal Sterzinsky:
  Das Wunder im Alltäglichen 69

Franz Kamphaus:
  „Richtig" Weihnachten feiern? 71

Anselm Grün: Berührung 73

Karl Kardinal Lehmann:
  Gott kommt in unsere Welt 74

Bettine Reichelt:
  Losgehen bei Nacht 79

Weihnachten: Das Kind vor Augen und im Herzen

Silja Walter: Stille Nacht, heilige Nacht 80

Johannes Paul II.: Der Retter der Welt ist vom
  Himmel herabgestiegen. Freuet euch! 81

Lukas 2,8–17: Und sie eilten hin 83

Jörg Zink: Ein neuer Anfang 84

Leo Nowak: Vergiss nicht, alles ist geschenkt! . . . 85

Joachim Kardinal Meisner:
  Die Rettung der Menschenwürde 91

Rudolf Müller:
  Weihnachten – ein Fest für alle 92

Peter Horst: Segen 97

Neujahr: Maria – Pforte des Himmels

Hymne der Äthiopisch-Orthodoxen Kirche 98

Martin Luther: Der Lobgesang 99

Anselm Grün: Impuls 100

Romano Guardini: Vom Wachsen Marias 100

Benedikt XVI.: Maria, Quell der Güte 103

Joachim Kardinal Meisner:
    Von der weihnachtlichen Freude 105

Lukas 2,41–48: Die Eltern suchen ihren Sohn . . 107

Theo Schmidkonz: Meditation 108

Marie Luise Thurmair:
    Maria, Mutter des Herrn 110

**Erscheinung des Herrn:
Von Ehrfurcht und Anbetung**

Friedrich Heinrich Ranke:
    Herbei, oh ihr Gläubigen 112

Sabine Pemsel-Maier:
    Verheißung und Bedrohung des Lebens 113

Matthäus 2,1–12: Anbetung 116

Gebhard Fürst: Was Gott für uns bedeutet 117

Pierre Stutz:
    Unsere Sehnsucht weitertragen 121

Kurt Koch: Sternstunde der Anbetung 122

Christa Spilling-Nöker:
    Sterne weisen dir den Weg 123

Von der Taufe: Der geliebte Mensch

Dietrich Steinwede: Wer bin ich? 124

Johannes Paul II.: Taufe des Herrn 125

Reinhard Körner:
  Du bist mein geliebter Sohn 127

Dietrich Bonhoeffer:
  Das Geschenk der Gemeinschaft 133

Autoren 137

Quellenverzeichnis 142

Hinführung

„Weihnachten stiehlt der Theologie die Worte und präsentiert ihr ein Kind."

Jo Krummacher

Gottes Liebe empfangen

Jedes Jahr halten wir für einige Wochen inne und lassen die historisierenden Erwägungen außen vor, um uns einer Geschichte hinzugeben, die unser Herz berührt, die von der Sehnsucht erzählt und dem Weg ihrer Erfüllung. So nimmt Sie auch in diesem Jahr das Spirituelle Lesebuch mit auf einen Weg, der mitten im Alltag auf den Himmel weist, den Himmel, der ist, und den, der kommen will. Die Texte laden ein, innezuhalten, wenn Einkäufe und Adventsverpflichtungen das letzte Restchen Ruhe zu rauben drohen. Und sie geben all denen, die an dem reichen Angebot des Weihnachtsrummels nicht teilhaben können, einen Anteil an der Gemeinschaft der Gläubigen. So soll Weihnachten sein: Mitten in den Zeichen der Zeit strahlt ein Licht auf, mitten in Hast oder Leere bereiten wir uns auf das Unfassbare vor. Die Pforten des Himmels öffnen sich und unsere Herzen werden weit, um Gott als ein Kind darin wohnen zu lassen. Dankbar, staunend, anbetend dürfen wir bekennen, wie auch immer das Leben aussehen mag: Wir sind gewollte und geliebte Menschen Gottes, vor denen das Heil liegt.

Bettine Reichelt

1. Adventswoche: Türen öffnen

Adventshymnus

Machet die Tore weit
und die Türen in der Welt hoch,
dass der König der Ehren einziehe.

Wer ist derselbigen König der Ehren?

Er ist der Herr,
stark und mächtig im Streite.

Machet die Tore weit
und die Türen in der Welt hoch,
dass der König der Ehren einziehe.

Der Gott des Friedens

Der Gott des Friedens heilige euch ganz und gar und bewahre euren Geist, eure Seele und euren Leib unversehrt, damit ihr ohne Tadel seid, wenn Jesus Christus, unser Herr, kommt. Gott, der euch beruft, ist treu; er wird es tun.

1 Thessalonicher 5,23.24

Das eigene Leben öffnen

Um die Bedeutung dieses Wortes (1 Thess 5,23.24) und somit des Gebetes des Apostels für diese Gemeinde und für die Gemeinden aller Zeiten – also auch der unseren – zu verstehen, müssen wir auf die Person schauen, durch die das Kommen des Herrn auf einmalige, einzigartige Weise Wirklichkeit geworden ist: die Jungfrau Maria. Maria gehörte jenem Teil des Volkes Israel an, das zur Zeit Jesu sehnsüchtig auf das Kommen des Erlösers wartete. Den im Evangelium wiedergegebenen Worten und Gesten können wir entnehmen, wie sie sich in ihrem Leben wirklich in die Worte der Propheten versenkte und das Kommen des Herrn mit ihrem ganzen

Sein erwartete. Dennoch konnte sie nicht ahnen, wie dieses Kommen vonstatten gehen sollte. Vielleicht erwartete sie ein Kommen in Herrlichkeit. Um so überraschender war für sie der Moment, als der Erzengel Gabriel in ihr Haus eintrat und ihr sagte, dass der Herr, der Erlöser, in ihr und von ihr Fleisch annehmen und sein Kommen durch sie verwirklichen wollte. Wir können uns die Befangenheit der Jungfrau gut vorstellen. Mit einem großen Akt des Glaubens und des Gehorsams sagt Maria „Ja": „Ich bin die Magd des Herrn." So wurde sie zur „Wohnstatt" des Herrn, zum wahren „Tempel" in der Welt und zur „Tür", durch die der Herr in die Welt eingetreten ist.

Wir haben gesagt, dass dieses Kommen einmalig ist: „das" Kommen des Herrn. Dennoch gibt es nicht nur das endgültige Kommen am Ende der Zeiten. In einem gewissen Sinne möchte der Herr durch uns Menschen ständig auf die Erde kommen, und er klopft an die Tür unseres Herzens: Bist du bereit, mir dein Fleisch, deine Zeit, dein Leben zu geben? Das ist die Stimme des Herrn, der auch in unsere Zeit eintreten möchte, er möchte durch uns ins Leben der Menschen eintreten. Er sucht auch eine lebendige Wohnung, nämlich unser persönliches Leben. Das ist das Kommen des Herrn, und das wollen wir in der Adventszeit aufs neue lernen: Der Herr möge auch durch uns kommen.

Daher können wir sagen, dass dieses Gebet, dieser vom Apostel geäußerte Wunsch eine grundlegende Wahrheit enthält, die er den Gläubigen der von ihm gegründeten Gemeinde einzuprägen versucht und die wir wie folgt zusammenfassen können: Gott beruft uns zur Gemeinschaft mit ihm, die sich bei der Wiederkunft Christi vollkommen verwirklichen wird, und er selbst verpflichtet sich, es so einzurichten, dass wir gut vorbereitet zu dieser letzten und entscheidenden Begegnung gelangen. Die Zukunft ist sozusagen schon in der Gegenwart enthalten, besser gesagt in der Gegenwart Gottes und seiner unvergänglichen Liebe, die uns nicht allein lässt, uns keinen Augenblick verlässt, wie auch ein Vater und eine Mutter ihre Kinder in deren Wachstumsprozess ständig begleiten. Angesichts des Kommens Christi fühlt sich der Mensch in seinem ganzen Wesen angesprochen; der Apostel resümiert das in den Worten „Geist, Seele und Leib" und meint damit den gesamten Menschen als wohlstrukturierte Einheit von somatischer, psychischer und spiritueller Dimension. Die Heiligung ist ein Geschenk Gottes und seine eigene Initiative, aber das menschliche Wesen ist aufgefordert, dem mit seinem ganzen Ich zu entsprechen, ohne dass irgendetwas von ihm davon ausgeschlossen bleibt.

Der Heilige Geist hat den vollkommenen Menschen Jesus im Schoß der Jungfrau geformt, und er ist es denn auch, der den wunderbaren Plan Gottes im Menschen zur Erfüllung bringt. Dazu verwandelt er zunächst das Herz und dann, von diesem Mittelpunkt ausgehend, alles Übrige. So kommt es, dass in jedem Einzelnen das ganze Schöpfungs- und Erlösungswerk zusammengefasst wird, das Gott, Vater und Sohn und Heiliger Geist, vom Anfang bis zum Ende des Kosmos und der Geschichte vollbringt. Und wie in der Menschheitsgeschichte das erste Kommen Christi im Mittelpunkt und seine glorreiche Wiederkunft am Ende steht, so ist jede persönliche Existenz berufen, sich während der irdischen Pilgerreise auf geheimnisvolle und vielfältige Art an ihm zu messen, um in der Stunde seiner Rückkehr „in ihm" gefunden zu werden.

Die selige Gottesmutter und treue Jungfrau leite uns dazu an, aus dieser Adventszeit und aus dem gesamten neuen Kirchenjahr eine Zeit echter Heiligung zu machen zum Lob und Ruhme Gottes, des Vaters, des Sohnes und des Heiligen Geistes.

Benedikt XVI.

Die Tore weit

Herr, zeige uns,
wie wir das machen sollen:
die Tore weit
und die Türen in der Welt hoch.
Zeige uns,
wie wir den Menschen weitersagen können,
dass du gekommen bist und kommen willst.
Zeige uns,
wie wir unser Leben gestalten können
    als Menschen,
die zu dir gehören heute und immer.

Peter Spangenberg

Zeichen am Wege

Die alten Meister in der Suche nach Gott sagen uns, er bevorzuge vier Türen, um zu uns zu kommen. Sie raten uns, an diesen Türen besonders aufmerksam zu sein und immer wieder nachzuschauen, ob er nicht dastehe und warte. Und sie empfehlen uns, vier Schlüssel griffbereit zu halten:
Einen für die Tür, die in unser eigenes Inneres führt; dorthin, wo wir oft so verschlossen, so ver-

schüttet. so verbittert sind. Es könnte sein, dass Gott hinter dieser Tür steht und klopft – haben wir ihn in guten Augenblicken nicht schon gehört? Vielleicht heißt dieser Schlüssel: Suche mehr Stille, verlass die Oberfläche, räume den Schutt weg, erschließe deine eigene Tiefe. Dort kannst du Gott treffen, denn er hat bei deiner Taufe Wohnung in deinem Innersten genommen.

Einen zweiten Schlüssel für die Haustür des Lebens. Da klopft Gott gleichsam ganz offiziell an, wenn wir uns mit der Gemeinde am Sonntag versammeln, um ihn zu empfangen. Oder wenn wir in der Familie beten: „Komm, Herr Jesus, sei unser Gast!"

Einen dritten Schlüssel empfehlen uns die Meister für die Hintertür. Denn das ist typisch für diesen Gast, für Gott: Er klopft an zu Zeiten, wo wir überhaupt nicht mit ihm gerechnet haben, und an Türen, hinter denen wir ihn nie vermutet hätten.

Hätten wir erwartet, dass Gott durch eine Krankheit anklopft und ausgerechnet durch diese Tür zu uns kommen will? Aber als wir „Ja" sagten und diese Hintertür von unserer Seite aufschlossen, haben wir erfahren, was André Gide so ausgedrückt hat: „dass Krankheiten Schlüssel sind, die uns gewisse Tore öffnen können. Ja, dass es Tore gibt, die nur die Krankheit öffnen kann." Ich glaube, dass Gott häufig an einer solchen

Hintertür unseres Lebens steht, während wir ihn ganz woanders erwarten ...
Und dann wünschen sie uns noch einen vierten Schlüssel, einen für die Tür nach nebenan, zum Mitmenschen. Seit Jesus von Nazaret wissen wir: Das ist eine Tür, durch die Gott besonders gern kommt. Überrascht uns das bei einem Gott, der sich mit dem Fremden, dem Bedrückten, dem Nächstbesten zum Verwechseln ähnlich macht? Auch wenn die Tür zum Nachbarn, zum Kollegen, zur Verwandtschaft seit Jahr und Tag verschlossen blieb, versuchen wir es noch einmal. Vielleicht lässt sich das eingerostete Schloss lockern und öffnen. Könnte Gott nicht gerade durch so eine Tür zu uns kommen wollen?
Einer beschrieb seine Suche nach Gott so:
„Ich suchte meinen Gott und fand ihn nicht. Ich suchte meine Seele und fand sie nicht. Ich suchte meinen Nächsten und fand alle drei."

Bernhard Löffler

Durch die schmale Pforte

Auf seinem Weg nach Jerusalem zog er von Stadt zu Stadt und von Dorf zu Dorf und lehrte. Da fragte ihn einer: Herr, sind es nur wenige, die gerettet werden? Er sagte zu ihnen: Bemüht euch mit allen Kräften, durch die enge Tür zu gelangen; denn viele, sage ich euch, werden versuchen hineinzukommen, aber es wird ihnen nicht gelingen. Wenn der Herr des Hauses aufsteht und die Tür verschließt, dann steht ihr draußen, klopft an die Tür und ruft: Herr, mach uns auf! Er aber wird euch antworten: Ich weiß nicht, woher ihr seid. Dann werdet ihr sagen: Wir haben doch mit dir gegessen und getrunken und du hast auf unseren Straßen gelehrt. Er aber wird erwidern: Ich sage euch, ich weiß nicht, woher ihr seid. Weg von mir, ihr habt alle Unrecht getan! Da werdet ihr heulen und mit den Zähnen knirschen, wenn ihr seht, dass Abraham, Isaak und Jakob und alle Propheten im Reich Gottes sind, ihr selbst aber ausgeschlossen seid. Und man wird von Osten und Westen und von Norden und Süden kommen und im Reich Gottes zu Tisch sitzen.

Lukas 13,22–29

Meditation

Du kannst nicht ein Leben lang die Türen alle offen halten, um keine Chance zu verpassen. Auch wer durch keine Türe geht und keinen Schritt nach vorne tut, dem fallen Jahr für Jahr die Türen eine nach der andern zu.

Wer selber leben will, der muss entscheiden: Ja oder nein – im Großen und im Kleinen. Wer sich entscheidet, wertet, wählt. Und das bedeutet Verzicht. Denn jede Tür, durch die er geht, verschließt ihm viele andere.

Man darf nicht mogeln und so tun, als könne man beweisen, was hinter jener Tür geschehen wird. Ein jedes Ja – auch überdacht, geprüft – ist zugleich ein Wagnis und verlangt ein Ziel.

Das aber ist die erste aller Fragen: Wie heißt das Ziel, an dem ich messe Ja und Nein? –

Und: Wofür will ich leben?

Paul Roth

Die Tür in der Passauer Gablergasse

In der Passauer Gablergasse gibt es eine Haustür mit einem Relief aus dem vorigen Jahrhundert; eine wunderschöne Schnitzarbeit, an der ich als Studentin oft vorbeigegangen bin, vor der ich auch manches Mal staunend innegehalten habe. Es ist keine gewöhnliche Schnitzarbeit, um der bloßen Dekoration willen geschaffen, sondern eine Szene, die Neugier weckt.

Das Relief zeigt einen Mann mit langem Gewand und langem Haar, barfuß. Mit behutsamer Geste und geduldigem Blick klopft er an eine schmale Tür, von Weinreben umrankt, die sich durch die große Tür hindurch ins Innere des Hauses zu öffnen scheint. Die abgebildete Tür hat keine Klinke, bloß einen Knauf; ein Schlüssel ist nicht vorgesehen. Wer Einlass begehrt, muss darum bitten, denn die Tür öffnet sich nur von innen. Der Klopfende ist rasch erkannt: Nicht nur die Palme und der Feigenbaum im Hintergrund sowie sein Gewand verraten seine Herkunft; wer das Relief ansieht, soll immer auch sein Wort hören: „Ich stehe vor der Tür und klopfe an. Wer meine Stimme hört und die Tür öffnet, bei dem werde ich eintreten und wir werden Mahl halten, ich mit ihm und er mit mir" (Offb 3,20).

Den Christus der Offenbarung stelle ich mir allerdings anders vor als den sanften Nazarener

Jesus, wie das Relief ihn sieht: „Ich bin der Erste und der Letzte und der Lebendige", gibt er dem Seher von Patmos Auskunft über sich. „Ich war tot, doch nun lebe ich in alle Ewigkeit. Und ich habe die Schlüssel zum Tod und zur Unterwelt" (Offb 1,17.18). Da nun steht der Herr der Welten vor einer einfachen Tür wie ein Bittsteller und ohne Schlüsselgewalt. Keine Macht der Welt, sagt das Relief, kann diese Tür öffnen.

Die Tür, die ich im Bild sehe, hat sich allerdings bereits einen Spalt breit geöffnet. Aber im Gegensatz zur realen Tür, durch die man täglich geht, wird sie ihr Geheimnis nie preisgeben. Ebenso wenig verstummt das beharrliche Klopfen der Hand Jesu, das dem Betrachter zwar nicht hörbar, aber im Innersten spürbar ist. Wenn ich hinschaue, gilt dieses Klopfen mir. Niemand sonst kann diese Tür öffnen.

Was hinter ihr ist, erfahre ich, wenn ich bei mir selbst eintrete: Aufmachen, mich aufmachen für einen anderen Menschen, für eine Situation oder eine Aufgabe. Ich stoße auf meine Ängste, auf mein Misstrauen, auf Fehler und Zweifel. Das zeige ich nicht gern her. Und was wird geschehen, wenn ich jemanden in mein Leben hereinlasse? Wird er oder sie sich breit machen, mich Tag und Nacht in Anspruch nehmen, in mein Innerstes eindringen wollen, mir die Luft zum Atmen nehmen?

Hinter der Tür verbirgt sich eine ganze Lebensgeschichte mit schönen und schweren Erfahrungen. Hinter dieser Tür wohnt ein Mensch, der sich nach Beziehung sehnt:

„Hinter der Tür
ziehst du an dem Sehnsuchtsseil
bis Tränen kommen
in dieser Quelle spiegelst du dich",

heißt es in einem Gedicht der jüdischen Lyrikerin Nelly Sachs. Dies führt auf die andere Seite der Reliefs und zeigt etwas von dem Menschsein, das jeder kennt und kaum einer zeigt. Meine Sehnsucht möchte erfüllt werden. Denn hinter der verschlossenen Tür wohnt nicht die vollkommene Selbstgenügsamkeit. Die Tür öffnet sich nur von innen, das sagt das Relief: Wer das äußere Klopfen hört, hat es im Innern längst vernommen.

Viele Heilungen sind Öffnungsgeschichten. Die kranken Sinne, an denen Menschen leiden – blind, taub, stumm – sind wie verschlossene Türen: Nicht nur ein körperlicher Defekt soll geheilt werden; es gilt, jemandem aus seiner sozialen Isolation zu befreien. „Effata – öffne dich!" sagt Jesus zu dem Taubstummen im Markusevangelium (7,34). Das Wort hat eine zweifache Bedeutung: Es ist zunächst zu den Sinnen gesagt

und durch sie hindurch dem ganzen Menschen. Deshalb nimmt Jesus den Taubstummen, den über die Sinne unerreichbar Gewordenen, zuerst aus der Menge heraus. Damit lässt er ihn spüren: Auch wenn du mich nicht hören kannst – ich nehme dich wahr. Die bloße Tatsache, dass einer täglich von vielen Menschen umgeben ist, sagt ja noch nichts darüber aus, ob er tatsächlich in lebendigen Beziehungen lebt. Gerade in der unüberschaubaren, gesichtslosen Menge kann es leicht geschehen, dass jemand verstummt und nichts mehr hören mag. Erst am einzelnen und deutlichen Gegenüber wird er wieder lernen, Du zu sagen. Wer ist dieses Du?
Die alte Tür in der Passauer Gablergasse hat Recht, wenn sie nicht den Weltenherrscher der Offenbarung anklopfen lässt, sondern den Menschen Jesus, der unter den Menschen seiner Zeit gelebt hat, barfuß die Erde berührend: einer von dieser Welt, einer von uns. Der Heilende, Aufschließende, begegnet mir menschlich. Aber er hat keinen Schlüssel, keine Macht über das Menschenherz – außer der demütigen Geduld und dem liebevollen Interesse für den anderen, für mich. Die Tür öffnet sich von innen.

Andrea Pichlmeier

2. Adventswoche:
Die Zeichen der Zeit erkennen

Komm!

Mein Leben –
ein einziges Warten.
Auf bessere Zeiten,
auf Glück,
auf Erfüllung.

Ich warte auf dich,
ich habe dich nicht,
ich sehe dich nicht.
Ich warte auf dich,
ich besitze dich nicht.

Du meine bessere Zeit.
Du mein Glück.
Du meine Erfüllung.
Du mein Advent.

Komm,
komm mir entgegen!

Hildegard Nies

Das erste Lied vom Gottesknecht

Seht, das ist mein Knecht, den ich stütze; das ist mein Erwählter, an ihm finde ich Gefallen. Ich habe meinen Geist auf ihn gelegt, er bringt den Völkern das Recht.
Er schreit nicht und lärmt nicht und lässt seine Stimme nicht auf der Straße erschallen. Das geknickte Rohr zerbricht er nicht, und den glimmenden Docht löscht er nicht aus; ja, er bringt wirklich das Recht.
Er wird nicht müde und bricht nicht zusammen, bis er auf der Erde das Recht begründet hat. Auf sein Gesetz warten die Inseln.
So spricht Gott, der Herr, der den Himmel erschaffen und ausgespannt hat, der die Erde gemacht hat und alles, was auf ihr wächst, der den Menschen auf der Erde den Atem verleiht und allen, die auf ihr leben, den Geist:
Ich, der Herr, habe dich aus Gerechtigkeit gerufen, ich fasse dich an der Hand. Ich habe dich geschaffen und dazu bestimmt, der Bund für mein Volk und das Licht für die Völker zu sein: blinde Augen zu öffnen, Gefangene aus dem Kerker zu holen und alle, die im Dunkel sitzen, aus ihrer Haft zu befreien.

Jesaja 42,1–7

Wenn erst die Wüste blüht ...

Im Volk des Alten Bundes lebte eine große Zukunftserwartung. Sein Blick war stets nach vorn gerichtet. Es hatte erfahren, dass der sich offenbarende Gott immer wieder in die Geschichte eingriff, ihm Verheißungen gab und damit Zukunft eröffnete. Vom Bund mit Abraham bis zu den letzten Propheten zieht ein mächtiger Strom von Verheißungen, Hoffnungen und Erwartungen durch die Jahrhunderte. Israel ist überzeugt, Gott, der ihm versprochen hat „Ich will euer Gott sein und ihr sollt mein Volk sein", wird es nie fallenlassen. Er führt Israel, ja, die ganze Menschheit, auch durch leidvolles Dunkel hindurch, einem Ziel zu, das die Erfüllung aller menschlichen Sehnsucht bringen wird.

Gott wird kommen

Israels Hoffnung gipfelt in der Zuversicht, Gott selbst wird zu uns kommen und seine Herrlichkeit machtvoll offenbaren. „Er wird Recht sprechen zwischen den Völkern und Weisung geben vielen Nationen. Dann schmieden sie Pflugscharen aus ihren Schwertern und Winzermesser aus ihren Lanzen. Man zieht nicht mehr das Schwert, Volk gegen Volk, und übt nicht mehr für den Krieg", wie Jesaja verkündigte (2,4). Die Propheten schildern diese königliche Heilszeit in paradiesischen Bildern. Die Wüste wird blühen, Quellen entspringen, die Tiere halten Frieden, die Völker strömen zum Freudenmahl, denn dann ist Gott selbst auf dem Zion erfahrbar zugegen. Unsagbare Freude lässt jede Träne versiegen.

Ein Spross Davids
In diesen Verheißungen von der endzeitlichen Gottesherrschaft, vom Reich ewigen Friedens, taucht auch wiederholt der Name Davids auf. Der Davidsdynastie war ja ein ewiger Bestand verheißen worden. So bei Jeremia: „Ich werde David einen gerechten Spross erwecken. Er wird als König herrschen und weise handeln, für Recht und Gerechtigkeit wird er sorgen im Land" (23,5; vgl. 30,9). „Aus dem Baumstumpf Isais (Isai oder Jesse ist der Vater Davids) wächst ein Reis hervor, ein junger Trieb aus seinen Wurzeln bringt Frucht", verheißt Jesaja (11,1).
Das Wort vom abgehauenen Baum, vom Stumpf, lässt an das katastrophale Ende der Davidsherrschaft im Jahr 586 v. Chr. denken; erst kommt ein Gericht – als solches wird der Untergang des Reiches Juda verstanden und vorausgesagt –, dann führt Gott sein Volk durch Not und Verbannung hindurch zu neuem Heil. „An jenem Tag richte ich die zerfallene Hütte Davids wieder auf ... und stelle alles wieder her wie in den

Tagen der Vorzeit" (Amos 9,11). Hosea verheißt die Bekehrung: „Sie werden umkehren und den Herrn, ihren Gott, suchen und ihren König David" (3,5).

Was für ein König muss dieser neue David sein, der wiederholt in einem Atemzug mit Gott genannt wird! Jede Ankündigung dieses Kommenden ist ein neuer Erweis der unverbrüchlichen Treue Gottes zu seinem Volk. „Nur, wenn mein Bund mit der Nacht zerbrochen werden könnte, so dass es nicht mehr Tag und Nacht würde zur rechten Zeit, dann könnte mein Bund mit meinem Knecht David gebrochen werden, so dass er keinen Sohn mehr hätte, der auf seinem Thron König wäre" (Jer 33,20).

Jesaja jubelt über die Geburt eines Kindes, das den Thron Davids besteigt, auf dessen Schultern die Herrschaft ruht, das Frieden bringt. Es trägt Würdenamen, die Menschenmaß übersteigen. Auf ihm ruht der Geist Gottes mit seinen Gaben; dieser „Spross aus der Wurzel Isais" wird zum Zeichen für die Nationen (Jes 9 und 11).

Zukunftsvision

Kein historischer König hat diese Hoffnungen erfüllt. So wächst in Israel immer stärker die Erwartung, dass Gott in der Endzeit einen davidischen König, einen Gesalbten (hebräisch Maschiach, davon Messias) als seinen Repräsentanten senden wird, der die Zeit des Heils heraufführt. Der „Sohn Davids" wird zu einer leuchtenden Zukunftsvision. Auch in den königslosen Jahrhunderten werden die „Königspsalmen", die von der Thronbesteigung und Regierung des Königs handeln, weitergesungen, jetzt als Lieder der Sehnsucht nach diesem Kommenden; man spricht daher von „messianischen Psalmen" (vor allem Ps 2; 71; 110).

Zur Zeit Jesu war die Hoffnung auf diesen Heilsbringer, die messianische Erwartung, besonders lebendig. Johannes der Täufer lässt Jesus fragen (Mt 11,3): „Bist du der, der kommen soll, oder müssen wir auf einen anderen warten?"

Johanna Kopp

O wohl dem Land

O wohl dem Land, o wohl der Stadt,
so diesen König bei sich hat.
Wohl allen Herzen insgemein,
da dieser König ziehet ein.
Er ist die rechte Freudensonn,
bringt mit sich lauter Freud und Wonn.
Gelobet sei mein Gott,
mein Tröster früh und spat.

Macht hoch die Tür, die Tor macht weit,
eu'r Herz zum Tempel zubereit'.
Die Zweiglein der Gottseligkeit
steckt auf mit Andacht, Lust und Freud;
so kommt der König auch zu euch,
ja, Heil und Leben mit zugleich.
Gelobet sei mein Gott,
voll Rat, voll Tat, voll Gnad.

Komm, o mein Heiland, Jesu Christ,
meins Herzens Tür dir offen ist.
Ach zieh mit deiner Gnade ein.
Dein Freundlichkeit auch uns erschein.
Dein heil'ger Geist uns führ und leit
den Weg zur ew'gen Seligkeit.
Dem Namen dein, o Herr, sei ewig Preis und Ehr.

Georg von Weißel

„Denn die Gnade Gottes ist erschienen ..."

Oftmals geht es in unserer Welt recht gnaden- und heillos zu. Eigenartigerweise verdichtet sich dieser Eindruck manchmal gerade in der Advents- und Weihnachtszeit. Vor zwei Jahren war es die Tsunami-Welle in Südostasien, die uns erschütterte. Weitere Naturkatastrophen verheerenden Ausmaßes sind gefolgt. Fast täglich kann man von Terroranschlägen hören. Weltweit ist die Infektion mit dem HIV-Virus (Aids) rapide gestiegen. Immer mehr Kinder sind davon betroffen, vor allem in den afrikanischen Ländern. Und in unserer Gesellschaft erhöht sich der Druck: Leistung ist gefragt, Jugendlichkeit, Schönheit, Perfektion und Flexibilität. Wer da nicht mithalten kann, bleibt gnadenlos auf der Strecke. Andererseits gehen viele menschliche Beziehungen in die Brüche. Schnell sind für Versagen und Schwächen Sündenböcke gefunden, nehmen Vorurteile und Unterstellungen anderen die Luft zum Atmen. Kein Wunder, wenn manche angesichts all dessen mutlos und bitter werden! Was aber haben wir dem entgegenzusetzen? Wie können wir Weihnachten feiern, ohne in die Illusion einer heilen Welt zu flüchten, die uns ja oft mitten in den Feiertagen sehr schnell schon wieder zerbrechen kann? Wie kann uns das erreichen und verändern, was im Brief des Apostels Paulus an Titus zu hören ist: „Die Gnade Gottes ist erschienen, um alle Menschen zu retten"? Wo ist diese Gnade denn spürbar? Wie wirkt sie sich aus? Oder noch steiler gefragt: Was ist denn anders geworden, seitdem Gott Mensch geworden ist? Ist die Welt seitdem weniger gnadenlos?

Solche Fragen können uns Christen schwer belasten. Sie fragen unseren Glauben an und konfrontieren uns auch mit unserer eigenen Mittelmäßigkeit und unserem Versagen. Schon seit zweitausend Jahren ist darauf immer wieder neu eine Antwort zu suchen und zu finden. Und auch heute sind wir herausgefordert! Hat Gott uns nicht selbst eine Spur gegeben, die es tiefer zu erfassen und der es intensiver nachzugehen gilt: der Geburt Jesu als Kind in der Krippe? Gott ist als kleines, ohnmächtiges, verletzliches Kind in diese Welt gekommen. Auf diesem Wege ist die Gnade erschienen. Nicht in einer alles umstürzenden Revolution.

Nicht mit „Pauken und Trompeten". Nicht mit einem Sozialprogramm, mit dem ein für alle Mal Hunger, Armut und Ungerechtigkeit beseitigt werden könnten. Gott hat den Weg eines Kindes gewählt. Damit zeigt er auf elementare Weise, wie er uns nahe sein will: Er teilt all unsere

Bedingungen, unser Menschsein von der Wiege bis zur Bahre, unsere Freuden und Schmerzen, Geburt und Tod, ja, sogar die Gnadenlosigkeit einer gewaltsamen und ungerechten Hinrichtung. So ist er bei uns. So ist er mit uns solidarisch bis ins Innerste und bis zum Äußersten. Die Botschaft von Weihnachten kann dann heißen: Wir sind nie mehr allein. Was auch immer geschieht: Da ist einer, der um alles weiß und uns nahe ist. „Ich bin da", sagt er, wenn wir uns freuen. „Ich bin da", sagt er, wenn wir Angst haben und einsam sind. „Ich bin da", sagt er, wenn wir schließlich dem Sterben und dem Tod ins Auge sehen müssen. [...] Gehört das nicht im Grunde zur tiefsten menschlichen Sehnsucht: dass jemand da sein möge, der uns nie im Stich lässt? Ist das nicht das Einzige, was uns wirklich tröstet und stärkt, wenn wir uns schwach und ohnmächtig fühlen: elementare Nähe und Solidarität, nicht allein sein zu müssen – und niemanden alleine zu lassen? [...] Gott schenkt sich uns unverdientermaßen und ohne Berechnung [....] in seinem Sohn, aus reiner Liebe. Und dieser Jesus Christus bleibt unser Bruder und Weggefährte bis ans Ende, ja sogar durch den Tod hindurch. Damit sagt und zeigt uns Gott, wie diese Welt nachhaltig verändert werden kann. Damit gibt er uns einen Maßstab und ein Programm. Seine Gnade, die in Jesus Christus erschienen ist, will uns befähigen und bewegen, auch den anderen gnädig zu begegnen und an der Gestaltung menschenfreundlicherer Beziehungen mitzuwirken. Wie geistvoll und heilsam können doch Barmherzigkeit und Liebe sein! [...] Und genau da braucht Gott uns Menschen, damit er auch heute in diese Welt, in diese Gesellschaft hinein wirken kann. Immer dann, wenn wir einen Menschen nicht allein lassen, werden wir zu einer „Übergangsstelle der Gnade". Immer dann, wenn wir wach und sensibel sind für das, was gebraucht wird, wenn wir uns das Schicksal anderer zu Herzen gehen lassen und mutig darauf reagieren, geben wir etwas von dem weiter, was Gott an Weihnachten in diese Welt hineingesetzt hat. Wir dürfen und sollen ganz menschlich sein – so wie Gott selbst. [...] „Gott wurde wirklich Mensch – werde Du es auch!"

Gerhard Feige

Wir warten auf dein Kommen

Herr Jesus Christus!
Wir warten auf dein Kommen,
wie wir auf Frieden warten
in dieser Zeit äußerer Friedlosigkeit.
Wir warten auf dein Kommen,
wie wir nach Gerechtigkeit hungern
und an der Ungerechtigkeit
zwischen Völkern und Klassen leiden.
Wir warten auf dein Kommen,
wie uns nach Freiheit dürstet,
weil wir die Fesseln der Schuld
und der Bedrückung spüren.
Gib denen die Hoffnung wieder,
die sie verloren haben.
Gib denen die Liebe neu,
die nur noch kalt miteinander umgehen.
Öffne unsere Augen, damit wir einen Vorschein
deiner Freude in unserem Leben
zu sehen bekommen.
Darum bitten wir dich.

Jürgen Moltmann

Der heilige Nikolaus

So kennen wir den Nikolaus: In einem roten Mantel mit Zipfelmütze, ein Sack über dem Rücken, und mit tiefer Stimme. In anderen Gegenden sieht der Nikolaus anders aus: mit einem weiß-goldenen Bischofsgewand und einer Bischofsmütze auf dem Kopf.

Das erinnert daran, dass der wirkliche Nikolaus einmal ein Bischof gewesen ist. Er lebte in der Stadt Myra in Kleinasien. Das ist dort, wo heute die Türkei liegt. 1647 Jahre ist es jetzt her. Da ist er am 6. Dezember des Jahres 351 gestorben. Viele Geschichten werden von Bischof Nikolaus erzählt. Ob sich wirklich alle so zugetragen haben, weiß man nicht. Doch das ist nicht so wichtig. Es sind Geschichten, die zeigen, wie er anderen Menschen, vor allem Kindern, geholfen hat: Eine Geschichte erzählt von einem Mann in Myra. Der hat drei Töchter. Er ist ratlos und traurig: Er will gerne, dass seine Töchter einen Mann finden und heiraten. Doch er ist arm und kann ihnen nichts mitgeben. (Damals konnte eine junge Frau nämlich nur heiraten, wenn sie eine ordentliche Aussteuer mitbrachte.) So weiß er nur noch einen Ausweg, sich und seine Töchter zu ernähren: Sie sollen sich an Männer verkaufen. Bischof Nikolaus erfährt von dieser Not. Drei Nächte hintereinander wirft er durch ein offenes

Fenster ein Säckchen voll Gold in das Haus. Eine gute Aussteuer für jede der drei Töchter. Er tut es nachts, denn er will nicht, dass ihn jemand sieht. Er will nicht, dass man ihm dankt. Die Menschen sollen Gott danken, dass ihnen geholfen worden ist. Egal, wie, und egal, durch wen.
Eine andere Geschichte: In der Stadt Myra herrscht eine große Hungersnot. Bischof Nikolaus betet für seine Stadt. Da kommt ein Frachtschiff auf dem Weg nach Rom vorbei, voll beladen mit Getreide. Nur gegen Kinder oder Gold will der Kapitän Getreide hergeben. Doch die Menschen sind arm. Sollen sie ihre Kinder als Sklaven verkaufen? Da holt Bischof Nikolaus seinen ganzen goldenen Kirchenschatz: Kerzenleuchter, Kreuze und Behälter. Und dafür bekommen die Menschen der Stadt genügend Getreide, um am Leben zu bleiben.
Und in einer dritten Geschichte wird gar erzählt, dass drei Schüler auf der Wanderschaft bei einem bösen Wirt einkehrten. Der ermordet sie. Doch Nikolaus machte sie wieder lebendig, und der Wirt erhält seine gerechte Strafe.
Vieles andere wird von Bischof Nikolaus von Myra erzählt. Doch vor allem als ein Beschützer der Kinder ging er in die Geschichte ein.
Vieles von dem, was von Hilfsorganisationen in diesen Tagen in Tütchen oder durch Überweisung gesammelt wird, kommt notleidenden Kin-

dern in der Welt zugute. Ist das nicht auch eine Art Nikolausaktion?

Anonym

Adventsbräuche – Stützpfeiler für die Seele

Große Städte wie Berlin sind vergesslich. Aufs Land muss man gehen, um wiederzufinden, was gestern noch Brauch war. In manchen brandenburgischen Dörfern wurde einst am Andreastag, am 30. November, beim Tischdecken an einen zusätzlichen Gast gedacht: Ein Teller und ein Löffel mehr als sonst wurden auf den Tisch gestellt, denn er könnte ja kommen, – nein, nicht der Apostel Andreas: Die Ankunft des Sohnes Gottes wurde erwartet. So, wie sich Jesus von Nazaret damals, vor zweitausend Jahren, unter die Leute mischte, mit ihnen aß und trank und erzählte, so will er auch heute zu jedem kommen, der sich auf ihn einlässt. Das zusätzliche Gedeck auf dem Familientisch sollte diese Glaubenswahrheit symbolisieren.

Viele Rituale prägen die Zeit, die jetzt beginnt. Adventskranz und Adventskalender, Liedersingen im Kerzenschein oder die Barbarazweige sind Ausdruck der Vorfreude auf den Geburtstag des Gottessohnes. Solche Rituale sind wichtig, und sie sind tröstlich. Gerade in einer Zeit, in der viele Menschen unter Lebensangst leiden, in der die Individualisierung zunimmt und der Leistungsdruck viele quält. Ob der traditionelle Besuch eines Adventskonzerts oder das Schmücken unserer Wohnungen und Straßen mit Tannengrün und Lichterketten: Rituale bringen Gefühle zum Ausdruck, sie vermitteln Sicherheit und stiften Gemeinschaft. Richtig verstanden können sie die Seele entlasten – gerade dann, wenn das eigene Leben wie eine Baustelle empfunden wird. Rituale sind eine Art Stützpfeiler für die Seele in einer Zeit, da der Mensch wenig Halt in sich und in der Gesellschaft findet.

Kerzen, Sterne und Rauschgoldengel können zu Bildern, zu Ikonen werden für die Menschwerdung Gottes in Jesus von Nazaret. Ob manche Bräuche wie der zusätzliche Teller am Andreastag wiederentdeckt werden – ich weiß es nicht. Aber es wäre ein schöner Gedanke. Denn das Hoffen auf die Ankunft des Gastes hat sich erfüllt:

Das Geheimnis des Advents, all der Vorfreude und des Einanderüberraschens liegt in der Krippe: Das göttliche Kind von Betlehem war und ist die große Überraschung.

Georg Kardinal Sterzinsky

3. Adventswoche:
Unterwegs zum Licht

Anbetung des Kindes

Als ein behutsam Licht
stiegst du von Vaters Thron.
Wachse, erlisch uns nicht,
Gotteskind, Menschensohn!

Sanfter, wir brauchen dich.
Dringender war es nie.
Bitten dich inniglich,
dich und die Magd Marie. –

König wir, Bürgersmann,
Bauer mit Frau und Knecht:
Schau unser Elend an,
mach uns gerecht!

Gib uns von deiner Güt,
nicht bloß Gered und Schein!
Öffne das Frostgemüt,
zeig uns des andern Pein!

Mach, dass nicht allerwärts
Mensch wider Mensch sich stellt.
Führ das verratne Herz
hin nach der schönern Welt!

Frieden, ja den gewähr
denen, die willens sind.
Dein ist die Macht, die Ehr,
Menschensohn, Gotteskind.

Josef Weinheber

Hilfreiche Wegzeichen

Zahlreiche Symbole helfen uns, das Geheimnis der Weihnacht besser zu verstehen; das Licht ist darunter eines der tiefsinnigsten. Mit der Wintersonnenwende nimmt auf unserer Hemisphäre die Zeit des Tageslichts wieder zu. Diese Naturerscheinung deutet auf eine andere Wirklichkeit hin, die den Menschen berührt. Das Licht des Guten siegt über die Dunkelheit des Bösen, die Liebe überwindet den Hass, das Leben besiegt den Tod. Zu Weihnachten erstrahlt die Botschaft vom endgültigen Sieg der Liebe Gottes über Sünde und Tod. Der Gott-mit-uns, den die Jungfrau Maria zu Bethlehem geboren hat, ist der wahre Stern unseres Lebens, der allein die tiefste Sehnsucht des menschlichen Herzens stillen kann.

Benedikt XVI.

Grund der Hoffnung

Du
Grund unserer Hoffnung
Manchmal sind wir blind für die
Not in unserer Nähe
Manchmal sind wir taub
für die subtilen Lebensschreie
Manchmal sind wir
stumm und gelähmt
angesichts der weltweiten Unterdrückung

Du
nimmst uns
diese Wüstenerfahrung
mit ihren Durststrecken nicht weg
sondern ermutigst uns
der Resignation und Ohnmacht
auf den Grund zu gehen
um einander die schlaffen Hände zu stärken
und die wankenden Knie zu festigen

Du
bist jene Erinnerungskraft
die uns mitten in der Wüste
Oasen mit sprudelnden Quellen
finden lässt
die unsere Lebensfreude erneuern
und zum Hoffnungstanz bewegen

Pierre Stutz
nach Jesaja 35,1-7

Durch Gottes Licht in die Welt hineinleuchten

„Auf, werde licht, denn es kommt dein Licht, und die Herrlichkeit des Herrn geht leuchtend auf über dir" (Jes 60,1). Als kleiner Junge gehörte dieser Schrifttext zu denen, die meine Fantasie mit am meisten anregten: Jesaja spricht von den Völkern, die dem Licht entgegeneilen; er erwähnt Kamele und Dromedare aus Midian und Efa; er zählt wundersame Gaben auf, Gold und Weihrauch; er verweist auf die Schiffe aus Tarschisch und die fremden Könige. Eine märchenhafte Szenerie! Es ist die Wallfahrt der Völker zum gesegneten Jerusalem; der Aufbruch des Lichtes und der Herrlichkeit des Herrn.

Adventsstimmung liegt In der Luft. „Unsere Adventslichter sind ein vorauslaufender Glanz jener Herrlichkeit, die sich aufmacht, um über der Finsternis des Erdkreises aufzugehen" (Helmut Thielicke).

Advent heißt auch, „die Menschheit ist ein Fluss aus Licht, der von den Tälern der Schöpfung bis zum Ozean der Ewigkeit fließt" (Kahlil Gibran). In den Wochen vor dem Weihnachtsfest ergeht immer wieder die Mahnung an uns, licht zu werden – für das große Licht des menschgewordenen Gottes. Licht zu werden für die Mitmenschen, für alle, die (noch) im Finstern tappen.

Mit dem Advent beginnt das göttliche Licht neu zu strahlen; mit dem Licht kommt uns die Mahnung zu, selber Licht zu werden, oder, wie Edith Stein es formuliert hat, Fenster zu sein, „durch das Gottes Licht in die Welt hineinleuchten will".

Adalbert Ludwig Balling

Einsam und hoffnungsvoll

Alle Jahre wieder liest oder hört man, dass gerade zu Weihnachten viele Menschen ihre Einsamkeit als besonders belastend und bedrohlich empfinden. Das muss nicht überraschen. Wo wie nie sonst alles auf den Grundton der Liebe und der Familie, der Gemeinschaft und der Freude gestimmt ist, wird es besonders deutlich spürbar, wenn diese hohen Güter fehlen und sich das Gefühl aufdrängt, man gehöre nicht dazu. Kein Lebenspartner, keine Freundin, keine Kinder, die in der Nähe und erreichbar wären, niemand, der die Freude teilt und das Leid. Das lässt sich nicht so einfach wegstecken. Vor anderen nicht, am wenigsten vor sich selbst.

Jeder empfindet freilich die Einsamkeit in diesen Tagen anders. Es gibt tausend Einsamkeiten und jede hat eine andere Farbe; es ist ungewiss, ob wir das Gleiche meinen, wenn wir dasselbe Wort gebrauchen. Anders ist die Einsamkeit der Verlassenen, anders die der Sterbenden, anders die der ins soziale Abseits Geratenen, wieder anders die der unglücklich oder schuldhaft Gescheiterten. Mancher verzweifelt in der Einsamkeit an sich selbst, bei anderen wachsen Enttäuschung oder Wut über ihre Mitmenschen. Die einen haben sich an die Einsamkeit gewöhnt, die anderen spüren sie Tag für Tag neu wie ein Verhängnis.

So viel wird deutlich: Einsamkeit ist nicht eine Frage der Zahl um mich versammelter Personen, sondern ein Frage der Verlässlichkeit meiner Beziehungen, des Zustands meiner Seele, des Grades meiner Verschlossenheit oder auch meines Eingeschlossenseins.

Es gibt eine Einsamkeit allein und eine Einsamkeit in der Gemeinschaft. Die „Einsamkeit zu zweit" (Erich Kästner) oder in der Familie, im Arbeitsteam oder auch in einer Gemeinde ist unter Umständen schwerer zu ertragen. Da bin ich nicht allein und dennoch einsam. Ich bleibe in mir und bei mir, weil ich der Menschen um mich nicht sicher bin, vielleicht auch umgekehrt sie meiner nicht. Werde ich als Person ernst genommen oder liegt in der Zuwendung Anderer ein Moment von Herablassung, vielleicht sogar von Verachtung? Solche Fragen machen Einsamkeit qualvoll; sie verstärken erst recht die Angst und auch das Misstrauen.

Nicht jede Einsamkeit freilich ist unwillkommen. Es gibt die Einsamkeit, die zugleich wohl tut, die befreit und zur Quelle neuer Kraft werden kann. Es ist die Einsamkeit, die Frauen oder Männer suchen, vor denen eine große Herausforderung liegt. Jesus selbst hat sich der Einsamkeit und Unwirtlichkeit der Wüste ausgesetzt. Er hat erfahren, wie gefährdet die Seele in der Einsamkeit ist, aber auch, wie nahe Gott in ihr sein kann. Wir sind nicht wie Er. Aber ist es nicht auch an uns, danach zu streben, in der eigenen inneren Zerrissenheit, im Vielerlei der täglichen Ansprüche und Anreize das eigene Herz auf das auszurichten, was wesentlich ist und dem Heil der Seele dient?

Die Frage ist, ob es für diejenigen, die ihre eigene Einsamkeit nur als Last und Not erleben können, eine Brücke gibt zur Erfahrung heilsamer Einsamkeit. Sie zu finden ist nicht einfach.

Der Dichter Antoine de Saint-Exupéry schreibt in seinem „Gebet der Einsamkeit": „… meine Einsamkeit lastet auf mir. Es gibt nichts, auf das ich wartete. Hier bin ich in dieser Kammer, in der nichts zu mir spricht." Und er bittet Gott dann nicht um Menschen, nicht um Wunder, sondern seine Bitte geht einzig dahin, „dass du meinen Geist erleuchtest, so dass ich mein Heim verstehe". Erleuchtung des Geistes, so die Hoffnung Exupérys, könnte dazu führen, die eigene Situation der Einsamkeit, das „Heim", wie er sagt, überhaupt zu verstehen, also sie nicht nur zu erleiden, sondern zu ihr auf Distanz zu gehen, ihr einen Namen zu geben und sie zu deuten. Das wäre ein wichtiger Schritt. Er wäre die Voraussetzung dafür, über die eigene Einsamkeit sprechen zu können, sie mit anderen zu teilen, die vielleicht davon nicht einmal etwas ahnen.

„Manchmal fühle ich mich sehr einsam", klagt der kranke Patient, den ich besuche, und ich höre es mit Bewegung, weil er es zum ersten Mal so direkt ausspricht. Ich kann es nicht wesentlich ändern, aber ich kann die Last für eine kleine Weile mit ihm teilen; vielleicht tröstet das den Einsamen. „Erleuchtung" wäre aber darüber hinaus – auch über Exupérys Gebet hinaus – eine erste, vielleicht noch ganz kleine Öffnung der eigenen geschlossenen Welt, die Wahrnehmung eines „Lichtes, das in der Finsternis scheint" (Jesaja 9,1).

Dieses Licht weist auf den Gott, der auch die Einsamkeit bewohnbar machen kann oder wie es im Psalm heißt: „der die Einsamen nach Hause bringt" (Psalm 68,7).

Jürgen Ziemer

Wenn wir uns aufmachen

Wenn wir uns aufmachen,
lass uns nicht nur alte Wege gehen
und bekannte Hände schütteln.
Gib uns Mut, dem Fremden zu begegnen
und Neues zu wagen.

Unterwegs zum Licht

Wenn wir uns anschauen,
lass uns nicht wegsehen von Not,
Kummer und Einsamkeit.
Gib uns offene Augen und Herzen,
um zu erkennen, wohin wir uns wenden sollen.

Wenn wir unterwegs sind,
behüte unsere Schritte,
damit wir uns nicht in den Wüsten
   der Welt verirren.
Komm zu Hilfe den Geschundenen
   und Schwachen,
den Opfern von Missbrauch, Gewalt und Willkür.

Wenn wir unsere Tage planen,
lass uns Zeit freihalten,
Zeit für den überraschenden Besuch,
Zeit für Menschen am Rande
   unseres Gesichtskreises,
für Glückliche und Traurige,
für Zuversichtliche und Ungetröstete,
für Starke und Schwache ...
Weise uns den Weg,
leuchte uns mit deinem Stern.

Hildegard Nies

Seht das Kind!

Weihnachten stiehlt der Theologie die Worte und präsentiert ihr ein Kind. Weihnachten klaut der Kirche die wohlgesetzten Erklärungen und abgrenzenden Verlautbarungen und stellt ein dreckiges Erdloch mit einem Häufchen Leben in ihre Mitte. Weihnachten bringt die Geschwätzigkeit der Christen zum Schweigen und beschenkt sie mit dem Glanz jenes kindlichen Leichtsinns, der nun einmal aus der Geschichte Jesu, wie sie überliefert ist, nicht wegzudenken ist. Seht das Kind! In ihm liegen alle Schätze der Weisheit und der Erkenntnis. Werdet wie die Kinder! Seht das Kind! In ihm wohnt die Fülle Gottes leibhaftig. Werdet wie die Kinder! Seht dieses Kind!
So bleibt in dieser Nacht nichts anderes, als wieder und wieder von diesem Kind einfältig zu erzählen und all das hervorzuholen, was wir kindlich erfahren und begriffen haben, einfältig zu singen und einfältig zu beten – allein im Vertrauen darauf, dass der Glanz dieser Stunde uns des „Lichtes Kinder" macht.

Jo Krummacher

Sinnliche Weihnachten

Sinnliche Weihnachten! – Ein etwas ungewöhnlicher Wunsch, so denken Sie wahrscheinlch. Sinnliche Weihnachten! – Dieser Wunsch ist bei uns jedenfalls nicht gebräuchlich. Das Wort Sinnlichkeit ist ein wenig zu vorbelastet, um es in Verbindung zu heiligen Dingen wie dem Weihnachtsfest zu bringen. Bei Sinnlichkeit könnte es passieren, dass man an das Falsche denkt, zum Beispiel an etwas anrüchige Filme spätabends im Privatfernsehen. Auch der sinnliche Genuss beim Verzehr von Weihnachtsgebäck könnte einem beim Stichwort Sinnlichkeit einfallen ... Und das Leben erscheint eben in all seiner Sinnlichkeit an Weihnachten, es erscheint als Mensch, als greifbares Lebewesen. Alle Sinne werden vom Weihnachtsgeschehen erfasst ...
Weihnachten sehen? Das sollte nicht schwer zu beschreiben sein. An Weihnachten gibt es alles Mögliche zu sehen. Die Hirten sehen die Engel, sie sehen den Stall und das Kind in der Krippe. Die Weisen aus dem Morgenland sehen den Stern, den König Herodes und dann auch den Stall und das Kind. Maria und Josef wiederum sehen die Hirten und die Weisen aus dem Morgenland. Die unwirtlichen Verhältnisse im Stall sehen sie ebenfalls. Vor allem aber sehen sie ihr Kind in der Krippe liegen. Dieses Kind soll Got-

tes Sohn sein, so wurde Maria verheißen. In ihm erscheint das Leben der Menschen, „das Leben, das ewig ist, das beim Vater war und nun uns erschienen ist", wie es im 1. Johannesbrief heißt. Man wird es dem kleinen Jesuskind wohl kaum so direkt angesehen haben, dass es eine solch große Bedeutung hat. Denn Gott wollte ja gerade in der Niedrigkeit erscheinen, nicht in Glanz und Gloria am Hof von Jerusalem. Das machte die Provokation aus, die den König Herodes um den Verstand brachte. Wir müssen uns das Christkind wohl ohne Heiligenschein vorstellen, jedenfalls ohne mit den Augen sichtbaren Heiligenschein. Mit dem Herzen wird man den Heiligenschein vielleicht doch schon gesehen haben.

Weihnachten sehen? – Wenn wir an Weihnachten durch die Stadt gehen, dann gibt es auch dort allerhand zu sehen. Zahllose Lichterketten, Nikoläuse, Krippen und Hirtenszenen sind ausgestellt. Alle Welt ahmt die Ereignisse von damals nach. Jeder macht sich die Geschichte von Betlehem zu Eigen. Es sieht ja so hübsch, so allerliebst aus. Dass bei so vielen Dingen zum Sehen das Wesentliche aus dem Blick gerät, liegt nahe. Die Klage darüber ist weit verbreitet. Ich will sie nicht auch noch anstimmen.

Ich denke, bei Ihnen und Euch zu Hause gibt es auch etwas zu sehen an Weihnachten. Einen Christbaum, vielleicht eine Krippe, dazu auch

Geschenke. Der Sinn der Geschenke an Weihnachten ist es ja, Gottes Liebe zu uns sichtbar nachzuahmen. Wie Gott uns mit der Geburt seines Sohnes beschenkt und Freude bereitet, so beschenken wir uns gegenseitig und machen einander eine Freude. Durch die gegenseitigen Geschenke an Weihnachten entsteht Gemeinschaft untereinander. Darum geht es: Weihnachten zielt darauf ab, dass wir untereinander und mit Gott Gemeinschaft haben. Genau dazu dienen die Geschenke, und ich hoffe, dass Sie und Ihr solche Gemeinschaft an den Festtagen erleben konnten.

Weihnachten tasten? – Geht das? Wir verkünden, heißt es im 1. Johannesbrief, „was wir betrachtet haben und unsre Hände vom Wort des Lebens betastet haben." Wie sollen wir uns das vorstellen? Das Wort des Lebens betasten? Das Wort des Lebens ist ja keine Leuchtreklame, die man anfassen könnte. Sicher. Aber das Wort des Lebens ist natürlich auch nicht nur ein Wort. „Das Wort ward Fleisch und wohnte unter uns", so sagt es das Johannesevangelium. Das Wort des Lebens wurde in Jesus Christus handgreiflich erfahrbar. Es wurde Mensch, ganz konkret und real. Wer Gott ist und wie er sich zu uns Menschen verhält, das können wir an Jesus Christus sehen und begreifen. Wenn wir die Sache so betrachten, dann ist es gar nicht mehr so verwunderlich, dass man das Wort des Lebens betasten kann. Dann ist auch klar, dass man es riechen und schmecken kann, weil es ja in den Bereich der sinnlichen Erfahrung eingetreten ist. Dass das heute noch geht und gilt, dass wir das Wort des Lebens ertasten, riechen und schmecken können, liegt am Abendmahl. In Brot und Wein, so sagen wir beim Abendmahl, ist Jesus Christus selbst gegenwärtig. In den Gaben des Abendmahls ist das Wort des Lebens mit allen Sinnen erlebbar. Wir tasten und sehen und schmecken das Brot. Wir sehen, schmecken und riechen den duftenden Wein. Abendmahl bedeutet einfach, dass wir Gottes Wort des Lebens mit allen Sinnen erleben, dass es ganz real für uns erfahrbar wird. Abendmahl ist also so etwas wie ein wiederholtes Weihnachten, mit allen sinnlichen Seiten dieses Festes.

Das Hören haben wir bislang ausgelassen. Weihnachten kann man natürlich auch hören. Das Hören ist vielleicht sogar das Wichtigste. Deshalb habe ich es bis zum Schluss aufgehoben. Die Hirten auf dem Felde sehen die Engel nicht nur, sie hören sie auch. Das ist gut und wichtig. Denn ohne dass die Engel etwas gesagt hätten, wären die Hirten wohl vor Angst davongelaufen. So aber hören sie den Gruß der Engel: „Fürchtet euch nicht. Denn siehe, ich verkündige euch große Freude, euch ist heute der Heiland geboren." Doch das Hören ist an Weihnachten noch in einer anderen Hinsicht wichtig. Denn die Hirten erzählen von dem, was sie im Stall gesehen haben, ja weiter. Sie werden selbst zu Verkündigern und finden Hörerinnen und Hörer für ihre Botschaft.

Und auch zu uns kommt Weihnachten zunächst einmal durch das Hören der Geschichte von Weihnachten. Wir wüssten ja gar nichts mit all den sicht-, tast- und riechbaren Dingen an Weihnachten anzufangen, wenn wir die Geschichte dazu nicht gehört hätten. Das gemeinsame Hören der Weihnachtsgeschichte weckt erst das Verständnis für dieses Fest. Das gemeinsame Hören ist es auch, das die Gemeinschaft unter uns herstellt. Hören ist also der weihnachtliche Schlüsselsinn. Das Hören gibt all dem anderen, was wir an Weihnachten erleben, erst seine Bedeutung.

Weihnachten hören? Dazu fällt mir noch etwas ein: Was wäre Weihnachten ohne die schönen Lieder, ohne die weihnachtlich-festliche Musik? Weihnachten, das ist vor allem auch ein Ohrenschmaus. Denken Sie an die wunderbaren Lieder, an das Weihnachtsoratorium oder an die festlichen Klänge der Glocken, der Chöre und Posaunen.

Doch gerade das Hören macht Weihnachten auch zu einem gefährdeten Fest. Wenn wir in der

Stadt sind, dann werden wir einem Dauerhörterror sondergleichen ausgesetzt. Weihnachtlicher Lärmmüll erklingt aus zahllosen Lautsprechern. Gerade Weihnachten ist durch die Dauerberieselung mit Säuselmusik besonders bedroht. Die Sinne werden abgestumpft. Es vergeht erst das Hören und dann auch das Sehen. Und das Schmecken und Riechen von Weihnachten haben wir bis zum Fest wahrscheinlich auch schon über. Denn ab September werden wir in den Läden mit Weihnachtsgebäck bedroht. Und die Weihnachtsgerüche überfallen einen an jeder Ecke. Weihnachten ist überall und mit allen Sinnen zu erfahren. Und genau so wird Weihnachten einer gefährlichen Inflation ausgesetzt. So sehr es zu begrüßen ist, dass dieses christliche Fest so gut in unserer Kultur verankert ist, so sehr müssen wir darauf achten, dass die Weihnachtsinflation unser Fest nicht zerstört.

Aber selbst noch der Missbrauch und die inflationäre Wiederholung machen deutlich, dass Weihnachten eben wirklich ein Fest für alle Sinne ist. Weihnachten ist ein Fest, das uns in jeder Hinsicht berührt und bewegt. An Weihnachten gibt es etwas zu hören und zu sehen, zu tasten und zu schmecken und zu riechen. Und das ist gut so. Denn all diese sinnlichen Erfahrungen sollen nur das eine vermitteln und deutlich machen: An Weihnachten ist im Kind in der Krippe das Leben erschienen. An Weihnachten wird Gottes ewiges Wort Fleisch, wird greifbar, sichtbar und hörbar. In diesem Sinne wünsche ich Ihnen und Euch allen weiterhin: Sinnliche Weihnachten!

Christoph Dinkel

4. Adventswoche:
Sich auf das Unfassbare vorbereiten

Schweige und höre

vielleicht geht dir
in der Mitte der Nacht ein Licht auf

vielleicht hörst du plötzlich
dass Friede auf Erden denkbar ist

vielleicht ahnst du plötzlich
dass Friede auf Erden denkbar ist

vielleicht erfährst du schmerzhaft
dass du Altes zurücklassen musst

vielleicht spürst du
dass sich etwas verändern wird

vielleicht wirst du aufgefordert
aufzustehen und aufzubrechen

schweige und höre
sammle Kräfte und brich auf
damit du den Ort findest
wo neues Leben möglich ist.

Max Feigenwinter

Vorbereitung auf das Fest

Nachdem wir das Hochfest der Unbefleckten Empfängnis Mariens gefeiert haben, treten wir in diesen Tagen in die stimmungsvolle Atmosphäre der Vorbereitung auf das Weihnachtsfest ein. In der heutigen Konsumgesellschaft erleidet diese Zeit bedauerlicherweise eine Art kommerzieller „Verunreinigung", die ihren wahren Geist, der geprägt ist von geistiger Sammlung, Schlichtheit und einer nicht äußerlichen, sondern tief innerlichen Freude, zu verfälschen droht. Es ist daher von der Vorsehung gewollt, dass – gleichsam wie ein Eingangstor zu Weihnachten – das Fest jener Frau gefeiert wird, die die Mutter Jesu ist und die uns besser als alle anderen dazu anleiten kann, den menschgewordenen Sohn Gottes zu kennen, zu lieben und anzubeten. Lassen wir uns also von ihr führen und uns von ihren Gefühlen beseelen, damit wir uns mit ehrlichem

Herzen und offenem Geist darauf einstellen, im Kind von Betlehem den Sohn Gottes zu erkennen, der auf die Welt gekommen ist, um uns zu erlösen. Gehen wir mit ihr im Gebet voran und folgen wir der Einladung, die die liturgischen Texte im Advent wiederholt an uns richten, nämlich wachsam zu bleiben, in aufmerksamer und freudiger Erwartung zu leben, weil die Ankunft des Herrn bevorsteht: Er kommt, um sein Volk von der Sünde zu befreien.

Einer schönen, altbewährten Tradition gemäß wird in vielen Familien gleich nach dem Fest der Unbefleckten Empfängnis mit dem Aufbau der Krippe begonnen, gleichsam um jene Tage voll sehnsüchtiger Erwartung, die der Geburt Jesu vorangingen, zusammen mit Maria zu erleben. Das Aufstellen der Krippe zu Hause kann sich als einfache, aber wirksame Methode zur Darlegung und Weitergabe des Glaubens an die Kinder erweisen. Die Krippe hilft uns bei der Betrachtung des Mysteriums der Liebe Gottes, der sich in der Armut und Einfachheit der Grotte von Betlehem offenbart hat. Der hl. Franz von Assisi war so stark vom Geheimnis der Menschwerdung beeindruckt, dass er beschloss, es in der lebendigen Krippe von Greccio darzustellen. Dadurch wurde er zum Initiator einer langen Volkstradition, die bis heute ihren Wert für die Evangelisierung behalten hat. In der Tat kann die

Krippe uns dabei behilflich sein, das Geheimnis der wahren Weihnacht zu verstehen, denn sie erzählt von Demut und von der barmherzigen Güte Christi: „Er, der reich war, wurde [unseretwegen] arm" (2 Kor 8,9). Seine Armut bereichert all jene, die sich zu ihr bekennen, und das Weihnachtsfest bringt Freude und Frieden zu denen, die, wie die Hirten in Betlehem, die Worte des Engels aufnehmen: „Und das soll euch als Zeichen dienen: Ihr werdet ein Kind finden, das, in Windeln gewickelt, in einer Krippe liegt" (Lk 2,12). Dies bleibt auch für uns Männer und Frauen des 21. Jahrhunderts das Zeichen. Es gibt kein anderes Weihnachten.

Benedikt XVI.

„Bitte bleiben Sie dran!"

„Bitte bleiben Sie dran!" so sagt manchmal der Nachrichtensprecher im Fernsehen, der auf eine nachfolgende Sendung aufmerksam machen will. „Bitte bleiben Sie dran! Der nächste Beitrag ist bestimmt interessant! Es lohnt sich, dabei zu bleiben." Und wenn Ulrich Wickert oder Marietta Slomka mit freundlichem Lächeln und bedeutsamen Augenaufschlag dies verkünden, ist man

doch geneigt dranzubleiben! Ich kann nicht mit unseren adretten Damen und Herren in ARD und ZDF konkurrieren. Aber ich möchte Ihnen [...] auch zurufen: „Bleiben Sie, bitte, dran!"
Woran dranbleiben? [...] Dranbleiben an dem Geheimnis [...]: Gott ist uns in Jesus nahe gekommen. Dieses in Betlehem geborene Kind gehört ganz zu uns – und es gehört ganz zu Gott. Die wunderbaren Umstände der Geburt und die in der Bibel erzählten Geschichten von den Hirten, den Engeln mit ihrer Himmelsbotschaft, den Weisen aus dem Morgenland mit ihren Gaben – das alles ist Rahmen und Ausmalung dieser einen harten Tatsache: Gott will uns suchen, und er hofft, dass wir uns von ihm finden lassen. Er bleibt dran an uns, an jedem Menschen – aber wie schaut es mit mir aus?
Manche von Ihnen werden sagen: Ob das wirklich wichtig ist? Reicht das nicht, ein wenig religiös angehauchtes Gefühl, ein unbestimmtes Verlangen und Sehnen nach Glück und Lebensharmonie? Weihnachten – nun ja, da gehen wir mal in den Dom. Der Orgelsound ist nicht zu verachten, die alten Weihnachtslieder rühren ans Gemüt – und die Gloriosa wollen wir ja auch hören. Aber wenn Weihnachten vorbei ist – ist da erst einmal religiöse „Sendepause"?
Ich möchte Ihnen zurufen: Bitte, bleiben Sie dran! Die Geschichte eines Lebens mit Gott braucht

ihre Zeit. Sie will sich entfalten. Sie muss sich vertiefen. Das ist wie bei einer Freundschaft, einer großen Liebe. Irgendwann hat es einmal angefangen. Da ist der Funke übergesprungen – aber dann hat ein Weg begonnen, eine gemeinsame Geschichte. Dann gab es Erfahrungen, die vorher so nicht möglich waren. Diese Weihnacht kann ein neuer Anfang sein. Gott hat uns zu Weihnachten ein Geschenk gemacht. Er hat das Gespräch eröffnet. Es ist an uns, darauf zu antworten. [...] Es geht um eine Antwort, die länger trägt; ein Leben lang, und über dieses Leben auf Erden hinaus in ein Leben ohne Ende. Das wäre ein Anfang: Wieder einmal in der Bibel lesen. Wieder einmal ein Gebet sprechen. Wieder einmal zum Gottesdienst gehen. Passieren kann nur etwas, wenn ich dranbleibe. Oder für jene, die sich für „religiös unmusikalisch" halten: Wieder einmal still werden und über sich selbst nachdenken. Wieder einmal staunen und sich überlegen, ob man im eigenen Leben nicht doch geführt wird. Wieder einmal sich freuen darüber, dass man von einem Menschen geliebt wird – und anfangen, dem zu danken, der mir solche guten Erfahrungen ermöglicht.

Bitte bleiben Sie dran! Wenn Sie das nächste Mal von Ulrich Wickert oder Marietta Slomka so freundlich eingeladen werden, am Bildschirm zu bleiben – dann denken Sie an meine Worte. Bei

Gott dranbleiben – das ist wichtiger als eine noch so interessante Fernsehshow. Denn er hat mir nicht nur dieses oder jenes Interessante zu sagen. Er vermag Leben zu schenken, nicht nur vorläufiges, sondern Leben in Fülle.

Joachim Wanke

Worauf warten wir

Worauf warten wir.
Jahr um Jahr.
Tag für Tag.
Heute. Jetzt.
Oder warten
wir auf nichts.
Kennen wir den
Der kommen wird
Oder den
Der wiederkommt
Oder den
Der immer da war.
Oder wartet
er auf uns?

Arnim Juhre

Das Wunder im Alltäglichen

Die Heilige Nacht ist die wundersamste Nacht des Jahres: Früher, als die Menschen noch mehr als heute an Wunder glaubten, kam jedes Jahr in der Christnacht für einige Stunden das Paradies auf die Erde: Die Glocken versunkener Kirchen läuteten, Wasser wurde zu Wein, Tiere konnten sprechen. Apfelbäume standen in voller Blüte – wer sich darunter stellte, sah den Himmel offen. Eine der schönsten Geschichten wird von der Christrose erzählt: Wenn sie in der Christnacht ihre Blüte öffnete, wurden Feinde zu Freunden, Räuber zu Friedensboten, wilde und zahme Tiere lebten einträchtig beieinander. In dieser Nacht, in der Himmel und Erde sich berühren, sollte alles anders sein als sonst. Die Gesetze der Natur sollten nicht mehr gelten, die Regeln der Menschen standen auf dem Kopf. Zeit für Wunder!

Heutzutage rechnen Menschen nicht mehr mit derartig Wunderbarem. Die Welt zu Beginn des Dritten Jahrtausends ist entzaubert und wirkt nüchtern. Und doch können wir Christen nicht aufhören, Weihnachten als das Wunder aller Wunder zu feiern: Dass Gott Mensch wird in einem Kind.

Das ist eine so schlichte und zugleich so unerhörte Nachricht, dass das Staunen darüber immer wieder von neuem aufbricht. Weil unser Verstand nicht ausreicht zu begreifen, dass Gott Mensch wird, versuchen Poeten, das Ereignis fantasievoll auszumalen. Auch in der Weihnachtserzählung der Bibel ist die Geburt Jesu gedeutet mit wundersamen Begebenheiten.

Wir Christen feiern die Geburt Christi jedoch nicht als ein himmlisches Mirakel. Dazu sind die Umstände im Stall zu Betlehem zu irdisch, das spätere Schicksal des göttlichen Kindes zu beängstigend.

Die Christnacht hat etwas Überwältigendes, sie bringt uns eine „gute neue Mär", wie es im Lied heißt. Aber sie ist im Letzten etwas anderes als eine himmlische Zaubervorstellung. Es gibt einen wichtigen Unterschied: der Zauberer ist ein Illusionist, der uns in Staunen versetzt; das neugeborene Gotteskind hingegen ist ein Geschenk, das in uns Ehrfurcht weckt.

Georg Kardinal Sterzinsky

„Richtig" Weihnachten feiern?

Es ist gar nicht so einfach, richtig Weihnachten zu feiern. Mit dem „Gefühl wie Weihnachten" allein ist es nicht getan. Können wir den handelnden Personen der Weihnachtsgeschichte näher kommen, den Engeln, den Hirten oder den Magiern, die von weit her kommen? Wo bin ich eigentlich selbst in dieser Geschichte? Vielleicht bei den Hirten? Wer sich ihnen anschließt, bringt sich selber mit: neben allem, was ihn erfüllt, auch die Leere, neben allem Reichtum auch die Armut, das, was gelang und was in die Brüche ging.

Von den Hirten heißt es: „Sie eilten hin." Das mag vielen zu schnell gehen. Es ist gar nicht so leicht, mit ihnen Schritt zu halten, wenn der Glaube knapp geworden ist. Was für sie damals ein schneller Weg war, ist für uns eine lange Reise mit viel Gepäck. Unsere Schritte sind schwer geworden, und manches liegt quer und versperrt uns den Zugang.

Ich möchte mit den Hirten gehen. Ich möchte von ihnen lernen, dass kleine Schritte mehr bringen als große Worte. Ich möchte mich von ihnen bewegen lassen. Bewegung, das ist etwas anderes als „Sitzung". Die beschäftigen uns stundenlang. Und man wird oft in den quälenden Diskussionen den Eindruck nicht los: Es bewegt sich nichts. Wird man von der Kirche unserer Tage sagen können: „Und sie bewegt sich doch!"? Bringt uns die Weihnachtsbotschaft auf die Beine?

Wir können von den Hirten lernen, dass es darauf ankommt, die Sache selbst in die Hand zu nehmen. Sie geben den Fall nicht an eine Kommission weiter. Die hätte getagt, Ausschüsse gebildet und wieder getagt, und schließlich hätte sie die Heilige Nacht vertagt oder verschlafen. So nicht! Die Hirten wissen sich selbst gerufen und gefordert. Was sie hören, erzählen sie weiter. Sie werden zu Boten der Botschaft, die sie empfangen haben. Sie, die ganz einfachen Leute, die Nicht-Studierten, die Laien, sie sind die ersten Boten des Weihnachtsevangeliums in ihrer Alltagswelt. Gott braucht Zeugen, die mit ihrer Glaubenserfahrung nicht hinterm Berg halten. Erzählen wir, was wir glaubend erleben?

„Die Hirten kehrten zurück, rühmten Gott und priesen ihn für das, was sie gehört und gesehen hatten." Das Gotteslob wird laut im Alltag ihrer Welt. Dort sind sie von der Ankunft Gottes getroffen worden, dort erfüllt sich ihre Sendung. Ich wünsche mir, wir könnten etwas von diesem Lob in unseren Alltag rüberbringen. Das „Gefühl wie Weihnachten" in Ehren, es bringt uns auf Spuren, die weit über uns selbst hinausführen. Aber auch der schönste und spannendste Weg beginnt mit dem ersten Schritt. Den müssen wir selbst tun, hinein in unsere alltägliche Welt. Dahin müssen wir alle wieder zurück, aber nicht so, als sei nichts geschehen, sondern gewandelt. Aus den Hirten sind keine Könige geworden, und doch hat sich bei ihnen etwas getan, wie bei Menschen, die dem Leben auf die Spur gekommen sind – in einem neugeborenen Kind. In ihm schenkt Gott uns allen einen neuen Anfang. Wir sind nicht am Ende, weder mit der Welt noch mit der Kirche noch mit uns selbst, mit niemandem. Lasst uns also anfangen.

Franz Kamphaus

Berührung

An Weihnachten feiern wir die Gottesgeburt in unserem Herzen. Gott wird als Kind in uns geboren. Wir sind nicht durch unsere Vergangenheit festgelegt, Gott setzt mit uns einen neuen Anfang. Weil ich nicht an meinen Wert glauben kann, weil ich mich ständig selber entwerte, kommt in der Geburt Christi Gott selbst zu mir, um mir die Botschaft zu sagen: „So etwas Schönes wie dich gibt es nur einmal." An Weihnachten feiern wir die göttliche Schönheit, die uns in dem Kind von Betlehem aufgestrahlt ist und uns in jedem Menschenantlitz aufscheint. Es sind Bilder, in denen uns das Geheimnis unserer erlösten Existenz an Weihnachten dargestellt wird. Da ist einmal die Geburt Christi in einem Stall. In meiner Dunkelheit leuchtet das Licht Gottes auf und verwandelt das Chaos in meinem Herzen. Das feiern wir in der Heiligen Nacht. An Epiphanie geht es um die Erscheinung der Herrlichkeit Gottes in meinem Fleische. – Wie erlebe ich mich, wenn das stimmt, wenn das meine tiefste Wirklichkeit ist?

Anselm Grün

Gott kommt in unsere Welt

Die Nähe Jesu zu Gott kann verschieden zur Sprache kommen. Er ist das Wort Gottes in die Welt. Er ist nach so vielen Offenbarungsgeschichten im Alten Bund und in den Religionen das letzte, das unüberbietbare Wort der Liebe Gottes an die Welt. Er ist die Ikone des Vaters, das Ebenbild des unsichtbaren Gottes. In Jesus Christus ist darum die Güte und Menschenfreundlichkeit Gottes leibhaftig erschienen. Mit einem Wort, das man hier freilich ganz aus-

schöpft, wird dieses einzigartige Verhältnis zwischen Jesus von Nazaret und Gott dem Vater zur Sprache gebracht: Er ist „der Sohn Gottes".
Dieses Bekenntnis verschlägt dem einen den Atem, dem anderen den Verstand. Es ist eine Zumutung. Man kann sie nur annehmen, wenn man dieses Wunder der Menschwerdung Gottes immer wieder offen und unvoreingenommen betrachtet. Menschen, die schon alles zu wissen meinen – exemplarisch stehen dafür die Schriftgelehrten in der Bibel –, sind empört. Nur Menschen, die unverbildet in der immer wieder offenen Weite des Himmels und der Geschichte stehen, wie die Hirten, können sich überraschen lassen. Sie haben den Sinn für das Unerhörte, das Unableitbare, das Einzigartige bewahrt. Bei Gott ist kein Ding unmöglich.
Gott spielt nicht Theater. Er zieht nicht für einen Augenblick eine menschliche Uniform an und tut so als ob ... Er treibt auch kein Maskenspiel und grinst einmal hinter der Larve eines Menschen hervor. Es ist ihm blutig ernst. Darum kommt Gott so ärmlich zur Welt. Das Wort ist Fleisch geworden: fern der Heimat, unterwegs, im Stall einer Herberge. Bald beginnen die Nachstellungen des Herodes. Flucht gehört zum Los dieses Menschenkindes. Der Flitter an Weihnachten darf uns nicht über die ungeschminkte Realität dieser Menschwerdung täuschen. Hinter

der Krippe wird das Kreuz sichtbar. Die Schmerzen der Mutter fehlen nicht. Gott kommt wirklich in Jesus Christus zu uns: in unsere Armut, zu unseren Hütten, in unser Fleisch, in die blutige Wirklichkeit, ans Kreuz.

Hier lauert jedoch noch eine Quelle des Missverständnisses. Es klingt heimelig, wenn Gott in unsere Welt kommt. Man darf jedoch nicht verkennen, dass diese Ankunft bei uns zugleich eine Revolution bedeutet. Jesus Christus bringt nämlich mitten in unsere kranke und todgeweihte Welt etwas radikal Neues. Wenn Gott nur die Bedingungen unseres Lebens annehmen und in sie eingehen würde, wäre dies gewiss schon tröstlich. Aber wenn er uns nicht zugleich die Kraft verleiht, diese Welt von innen her umzugestalten, wäre es traurig. Gott will unsere Welt verändern. Statt der ewigen Selbstbespiegelung möchte er den Menschen über sich selbst hinausführen. Statt Eigenliebe Solidarität mit dem, was beschädigt und verwundet ist. Statt Hass und Aggression Annahme des Anderen und zumal des Fremden und Fähigkeit zur Zuwendung. Statt Raffen Teilen. Statt Selbstzufriedenheit Leiden an den Wunden der Welt.

Weihnachten ist nur dem Anschein nach eine Beruhigung. Es scheucht den Menschen auf von seiner Sattheit. Weihnachten bringt die Dynamik der menschennahen Liebe Gottes in Bewegung, entlarvt alle Verletzungen der Menschenwürde und darf niemanden hoffnungslos und verloren am Rand der Straße liegen lassen. Weihnachten ist darum das Fest der suchenden Liebe Gottes, die keinen preisgibt und aufgibt. Vielleicht kann uns nur Gott im Kind eine solche Zumutung unbefangen und tollkühn zugleich nahe bringen.

Dies ist der Geist des christlichen Glaubens, wie er an Weihnachten besonders anschaulich und ernst wird. Es ist aber nicht nur der ewig gleiche Geist des Christentums, sondern er spricht so immer auch sehr konkret in eine bestimmte Zeit hinein. Die Menschwerdung Gottes ist einmalig, ja, noch genauer: Sie geschieht ein für alle Mal. Jedes Weihnachten erinnert an beides: die Einzigartigkeit und ihre Gültigkeit für immer. Darum spricht uns auch Weihnachten jeweils neu an. Was ist sein Sinn besonders für heute?

Der Geist des wahren Christentums ist radikal neu. Er ist nicht einfach die Summe des Vorfindlichen. Er ist nicht das Ergebnis unserer Zustände und unserer Kompromisse. Wir wollen immer wieder unsere Fragen von heute mit alten Mitteln und untauglichen Denk- und Verhaltensweisen bewältigen. Aber die Tricks haben ausgespielt. Heute spüren wir stärker denn je, dass wir uns nur immer tiefer in die Krise hineinmanövrieren, wenn wir uns mit uns selbst herum-

treiben und einander nur den Schwarzen Peter zuschieben. Das Aufmachen alter Rechnungen bringt nichts. Wer nicht zu einer radikalen Umkehr im Sinne der Änderung der Maßstäbe bereit ist, wird die großen Probleme unserer Zeit nicht einmal richtig erkennen: Arbeitslosigkeit, Nord-Süd-Gefälle, Umweltzerstörung.
Weihnachten könnte ein Startzeichen werden zum Beginn eines neuen Denkens, das bereit ist zu einem neuen Geist unaufkündbarer Solidarität, geschwisterlichen Teilens und der Rücksicht auf die geplagte Erde, die auch noch künftigen Generationen dienen möchte.

Karl Kardinal Lehmann

Losgehen bei Nacht

Und die Lampe da lassen
Suchen was geschah
Vages Geheimnis
Sterne scheinen genug auf den Weg
Pfad gibt es überall
Leiten sie mich auch anders
Wenn der Tag anbricht wird sich das Tor öffnen
Staunend verharre ich im Dunkel
Blicke auf:
Vor mir das Licht des neuen Tages
Auch jetzt noch
Unerwartet überraschend

Wie die Hirten schweigend Anbetung lernen
Wie sie
Losgehen bei Nacht

Bettine Reichelt

WEIHNACHTEN:
DAS KIND VOR AUGEN UND IM HERZEN

Stille Nacht, heilige Nacht

Stille Nacht, heilige Nacht,
Hirten erst kundgemacht.
Singt vom Himmel ein herrliches Licht,
Engel künden: O fürchtet euch nicht,
Christ, der Retter, ist da.

Stille Nacht, heilige Nacht,
Gott hat sich klein gemacht.
Liegt als Kindlein im nächtlichen Stall,
hat erschaffen die Welt und das All.
Kommt, wir beten ihn an.

Stille Nacht, heilige Nacht,
Liebe hat Heil gebracht.
Kommt vom Himmel im göttlichen Wort,
nun wird Erde zum himmlischen Ort,
Christ, in deiner Geburt.

Silja Walter

Der Retter der Welt ist vom Himmel herabgestiegen. Freuet euch!

„Freut euch!" Diese von tiefer Freude durchdrungene Botschaft erklang in der Nacht von Betlehem. In unverminderter Freude wiederholt sie die Kirche am heutigen Tag: Der Heiland ist uns geboren! Zusammen mit einem starken Verlangen nach Intimität und Frieden erfüllt eine Woge der Zärtlichkeit und der Hoffnung unser Gemüt. In der Krippe betrachten wir den, der sich der göttlichen Glorie entkleidet hat, um sich arm zu machen, gedrängt von der Liebe zum Menschen. Der Weihnachtsbaum neben der Krippe erinnert uns mit dem Funkeln seiner Lichter daran, dass mit der Geburt Jesu der Baum des Lebens in der Wüste der Menschheit erblüht. Die Krippe und der Christbaum: kostbare Symbole, die in der Zeit den wahren Sinn von Weihnachten vermitteln.

Im Himmel erklingt die Botschaft der Engel: „Heute ist euch in der Stadt Davids der Retter geboren; er ist der Messias, der Herr" (Lk 2,11). Welch ein Staunen! Durch seine Geburt in Betlehem ist der ewige Sohn Gottes in die Geschichte eines jeden Menschen eingetreten, der auf dem Angesicht dieser Erde lebt. Er ist schon in der Welt zugegen als einziger Retter der Menschheit.

Deshalb flehen wir zu ihm: Salvator mundi, salva nos! (Retter der Welt, rette uns)
Erlöse uns von den großen Übeln, welche die Menschheit zu Beginn des Dritten Jahrtausends zerreißen! Befreie uns von Kriegen und bewaffneten Konflikten, die ganze Regionen des Globus verwüsten. Befreie uns von der Plage des Terrorismus und vieler anderer Formen der Gewalt, die schwache und wehrlose Menschen peinigen. Nimm von uns alle Mutlosigkeit beim Beschreiten von Wegen des Friedens, die gewiss schwierig, aber möglich und daher auch geboten sind. Solche Wege sind immer überall dringend erforderlich, vor allem in dem Land, in dem du, o Friedensfürst, geboren warst.
Und du Maria, Jungfrau der Erwartung und der Erfüllung, die du das Weihnachtsgeheimnis behütest, mache uns fähig, im Kind, das du in deinen Armen hältst, den angekündigten Erlöser zu erkennen, der allen die Hoffnung und den Frieden bringt. Gemeinsam mit dir beten wir ihn an und bekennen mit Vertrauen: Wir brauchen dich, Erlöser des Menschen, der du die Erwartungen und das Sehnen unseres Herzens kennst. Komm und bleibe bei uns, Herr! Die Freude über deine Geburt gelange bis an die entferntesten Grenzen des Universums!

Johannes Paul II.

Und sie eilten hin

In jener Gegend lagerten Hirten auf freiem Feld und hielten Nachtwache bei ihrer Herde. Da trat der Engel des Herrn zu ihnen und der Glanz des Herrn umstrahlte sie. Sie fürchteten sich sehr, der Engel aber sagte zu ihnen: Fürchtet euch nicht, denn ich verkünde euch eine große Freude, die dem ganzen Volk zuteil werden soll: Heute ist euch in der Stadt Davids der Retter geboren; er ist der Messias, der Herr. Und das soll euch als Zeichen dienen: Ihr werdet ein Kind finden, das, in Windeln gewickelt, in einer Krippe liegt. Und plötzlich war bei dem Engel ein großes himmlisches Heer, das Gott lobte und sprach:

> *Verherrlicht ist Gott in der Höhe*
> *und auf Erden ist Friede*
> *bei den Menschen seiner Gnade.*

Als die Engel sie verlassen hatten und in den Himmel zurückgekehrt waren, sagten die Hirten zueinander: Kommt, wir gehen nach Betlehem, um das Ereignis zu sehen, das uns der Herr verkünden ließ. So eilten sie hin und fanden Maria und Josef und das Kind, das in der Krippe lag. Als sie es sahen, erzählten sie, was ihnen über dieses Kind gesagt worden war.

Lukas 2,8–17

Ein neuer Anfang

Ich erinnere mich meiner Kindertage, der kleinen, engen Wohnstube, vor deren verschlossener Tür wir uns aufhielten, bis unter dem silbernen Ton einer zarten Glocke die Tür aufging zu einer Welt aus Licht und Zauber.

Der Lichterbaum war nicht groß. Er stand bescheiden auf einem Tisch, unter ihm die Landschaft von Betlehem aus sandigen Bergen, mit einer Hütte und altersgrauen Palmen, mit Mutter und Kind, Ochs und Esel und Kamelen. Geschenke lagen da, festlich verpackt, und warteten, bis wir vor der Krippenlandschaft die Weihnachtsgeschichte aufgesagt hatten, auswendig, versteht sich.

Inzwischen ist viel geschehen. So viel ein Leben fasst. Auch viel an Unheil und Elend im Großen wie im Kleinen. Kinderträume allein hätten wohl nicht mehr die Kraft, uns zu verzaubern.

Aber eine Weihnachtsstube ist ja mehr als ein Kinderland, es möchte doch ein besonderes Kind in uns zum Leben kommen. Vielleicht gelingt uns ein Anfang.

Jörg Zink

Vergiss nicht, alles ist geschenkt

„Mehrheit freut sich auf Weihnachten", so das Ergebnis einer Umfrage des Allensbacher Instituts für Meinungsforschung. [...] Sich freuen können, das ist etwas Wunderbares. Danach sehnt sich jeder Mensch. Freude ist eine Hochstimmung, ein berauschendes Glücksgefühl. Wer sich nicht mehr freuen kann, über nichts und gar nichts, der ist arm dran!

Trotz vieler Vorteile, die das moderne Leben mit sich bringt scheint es, dass in unserer postmodernen Gesellschaft die Freude verloren geht. Allzu oft hören wir nur schlechte Nachrichten, negative Meinungen und düstere Prognosen: Krieg und Not, Arbeitslosigkeit und Rezession, Bildungsnotstand und Zukunftsangst. Wie soll Freude aufkommen, wenn es dazu keinen Anlass gibt? Denn Freude kommt ja nur dann auf, wenn wir uns über etwas oder auf etwas freuen können. Ob uns da nicht die alte und immer wieder ganz neue Botschaft von Weihnachten helfen kann, Freude zu wecken und Mut zu fassen?

[...] Das ganze Evangelium, besonders das von Weihnachten ist eine einzige Freudenbotschaft. [...] Das Wort Evangelium hat seinen Ursprung in der Weihnachtsgeschichte, da der Engel zu den Hirten spricht: „Fürchtet euch nicht, denn ich verkündige euch große Freude ... Heute ist euch der Retter geboren ... er ist der Christus, der Herr." Aus dieser Botschaft der Freude ist das Wort Evangelium abgeleitet. Es heißt so viel wie Frohe Botschaft, Freudenbotschaft. Wir feiern also auch Geburtstag dieser frohen Botschaft, Geburtstag des Evangeliums. Der Evangelist Lukas, dem wir auch das Weihnachtsevangelium verdanken, spricht oft von der Freude. Und er weiß, wovon er spricht. Der Retter, der uns geboren wird, der Gott mit uns, der ist für ihn das kostbarste Geschenk. Darüber freut er sich unbändig [...] und diese Freude möchte er uns vermitteln. Ob ihm das gelingt? Ob wir uns über den Christus, den Retter, freuen können, über dessen Geburt sich Engel und Menschen, Himmel und Erde freuen, wie das Evangelium berichtet, wir Menschen von heute?

Das Wort „Heute", das steht auch im Evangelium. „Heute" ist euch der Retter geboren. Dieses Ereignis gilt „im Heute", hier und jetzt, eben heute. Jesus kann geboren werden in deinem Herzen, wenn wir es machen wie die Hirten, die hinlaufen zum Stall, wenn wir es machen wie Maria, die selig gepriesen wird, weil sie den Worten des Engels geglaubt hat. Dieses „Heute" wird noch verstärkt durch das „euch", durch die direkte Anrede „euch ist heute der Retter geboren". Das sind wir. Wir, die wir uns zur Feier der Geburt

Jesu versammeln. In dem Menschenkind Jesus ist Gottes Heil gekommen. Jesus bringt Heil und Leben. Heil ist ja noch mehr als Glück. Nicht nur ein „kleines Glück", sondern ein ganz großes. Nicht nur ein bisschen Leben, sondern Leben in Fülle. Bleibendes Heil, nicht vergängliches Glück. Heil bedeutet Heil-Sein, Heil-igkeit, Vollkommenheit. Kein Mensch ist vollkommen. Kein Mensch ist ganz heil. Immer fehlt etwas. Jedes Sich-Sehnen nach Glück ist ein Hinweis darauf, dass der Mensch sich nach Heil sehnt, nach Frieden, Gerechtigkeit, Liebe.

Die Wüste erblüht, so sagen die Propheten. Es wird jede Träne abgewischt, es wird keine Trauer mehr geben und keine Klage, und der Tod wird nicht mehr sein. So steht es geschrieben in der Offenbarung des Johannes. Sind das nur Utopien, Träume, Hirngespinste? Sind das vielleicht nur Märchenerzählungen aus Tausend und einer Nacht? Oder marxistische Befreiungsparolen?

Die Zeugen des Evangeliums, die ersten Christen, behaupten, es ist wahr, ihr könnt euch darauf verlassen, ihr könnt es uns glauben, das Kind, das in der Krippe liegt, das ist der Retter der Welt! Das müssen wir der ganzen Welt verkünden. Und deshalb noch einmal: Freut euch und noch einmal freut euch, denn geboren ist Christus, der Herr! Und doch: Stirnrunzeln überfällt uns, Skepsis kommt auf. Na, ja, ist ja alles ganz gut und schön. Passt ja auch alles ganz schön zu Weihnachten, lässt Stimmung aufkommen, tut uns gut: Aber so ein Anspruch, solche Absolutheit: Retter der Welt, Christus, der Herr? Bleibt mal auf dem Teppich. Das kann man wohl einem heutigen Menschen kaum zumuten. Ist das nicht alles maßlos übertrieben?

Da erinnere ich noch einmal an unser Verlangen nach Glück. An diese tiefe Sehnsucht nach Freude, die in uns allen steckt. Alle streben nach Glück. Jeder will glücklich sein. Und das ist gut so. Über jedes erreichte Glück freuen wir uns aus ganzem Herzen. Und uns allen ist aufgetragen, nach besten Kräften dafür zu sorgen, dass möglichst viele Menschen glücklich werden. Aber jedes Glück, das uns zuteil wird, ist immer auch ein Geschenk. Wie oft sagen wir: da hast du aber Glück gehabt! Und in der Tat: die Dinge, die uns mit großer Freude erfüllen, sind zumeist geschenkt. Die Freude selbst, aber auch Hoffnung und Vertrauen, Geborgenheit und Liebe. Das Leben selbst, die ganze Welt, das alles finden wir vor. Wenn andere uns lieben, Vertrauen schenken, uns gut sind, trotz unserer Eigenarten und Schwächen, dann müssen wir ehrlich gestehen, das alles ist nicht unser eigenes Verdienst, sondern eine Gabe, und wenn wir wollen ein Geschenk des Himmels. Auf diesem Hintergrund unserer Erfahrungen wollen wir uns erneut sagen lassen: Du, Menschenkind, da du ganz auf Glück angelegt bist und oftmals über dieses Verlangen wegen deiner Begrenztheit nicht hinaus kommst, der du dieses Glück erfahrungsgemäß immer nur punktuell erleben kannst, vergiss nicht, alles ist geschenkt, so wie Jesus Christus die Gabe Gottes an uns Menschen ist! Daraus erwächst Hoffnung. Und bei aller Sorge und allen Nöten sollen wir wissen, deine tiefe Sehnsucht nach Leben und Heil, die hat einen Namen und geht in Erfüllung.

In diesem Zusammenhang ist auch zu fragen, was ist mit den vielen, vielen Menschen auf unserer Erde, die wie wir alle mit großer Intensität nach dem Glück des Lebens suchen, aber durch Hunger und Armut, durch Krankheit und Tod davon ausgeschlossen sind, sollen die in alle Ewigkeit sozusagen draußen vor bleiben, ohne dass ihnen auch nur ein Hauch von Gerechtigkeit zuteil wird? Das kann doch nicht das letzte Wort sein, dass alle Welt sich nach Gerechtigkeit und Frieden sehnt, aber Ungerechtigkeit und Gewalttätigkeit triumphieren. Auf diesem Hintergrund unserer Erfahrungen müssen wir diese Botschaft hören, über die alle Welt jubelt und sich freut über dieses Geschenk des Himmels: Jesus Christus, den Retter der Welt, den Friedensfürsten, der hinwegnimmt, beiseite räumt alle

Sünde und Bosheit der Welt! Es muss doch Frieden geben und Erfüllung, da wir uns so sehr nach Glück und Heil sehnen, wir alle mit allen Menschen auf der ganzen Welt. Ja, es gibt wahrlich genug Elend, Ungerechtigkeit, Krieg, Krankheit und Tod in dieser Welt. Doch das Kind in der Krippe setzt ein Zeichen der Hoffnung. Finsternis und Traurigkeit haben nicht das letzte Wort. Gewalt und Ungerechtigkeit, auch in deinem eigenen Leben, werden eben nicht triumphieren. Gottes Heil ist angebrochen in unserer Welt. Das ist die Botschaft unter dem Stern von Betlehem.
Ich jedenfalls freue mich, dass es diese Botschaft gibt. Ich möchte mich immer wieder, spätestens zu Weihnachten, neu für diese Botschaft entscheiden, die verbürgt ist durch lebendige Zeugen. Ich bin froh darüber, dass es diese Christenheit gibt, eine Kirche, die keine andere Aufgabe hat als diese: Unserer Welt immer wieder zu sagen: Habt Mut! Fürchtet euch nicht. Heute ist euch in der Stadt Davids der Retter geboren. Er ist Christus der Herr!

Leo Nowak

Die Rettung der Menschenwürde

Das Wunderbare dieser Geburt durch die Jungfrau bleibt zunächst in der hüllenden Wolke des Heiligen verborgen. Nach außen sichtbar wird nur etwas völlig Alltägliches gesagt: Ein Kind in Windeln. Also kein Wunderknabe, der stubenrein ist! Sodann ist von dem Kind in einer Krippe die Rede. – Also ein sehr ärmliches Kind, dessen einziger Reichtum zunächst Maria und Josef sind. Dann ist von den Hirten die Rede. – Also von unsesshaften Menschen, die völlig ungebildet sind und von ganz weit draußen herkommen. Ausgerechnet diesen Menschen im Abseits offenbart der Engel die Geburt des Gottessohnes und erfüllt sie mit der Herrlichkeit Gottes. „Ich verkünde euch eine große Freude. Heute ist euch in der Stadt Davids der Heiland geboren" (Lk 2,10). Seine irdischen Zeichen sind Krippe und Windeln, seine himmlischen: der Engel und die Herrlichkeit. Auch wenn die himmlische Herrlichkeit schnell wieder verblasst, so bleibt doch die Freude und die Botschaft. Danach geben sich die Hirten selbst den Befehl: „Kommt, wir gehen nach Betlehem, um das Ereignis zu sehen, das uns der Herr verkünden ließ." (Lk 2,15)

Dieses Schriftereignis ist so wichtig für unser Heil, dass wir es täglich dreimal beim Gebet des Engel des Herrn betrachten und um die Führung des Engels bitten, damit wir durch Kreuz und Leid zur Auferstehung gelangen. Vielleicht haben wir bei alldem noch viel zu wenig bedacht, dass mit der Geburt des Messias unser aller Menschsein ins göttliche Licht gerückt wird, wo es von Anfang an war. Ja, „was wir geschaut und was unsere Hände angefasst haben, das verkünden wir" (1 Joh 1,1), schreibt Johannes in seinem ersten Brief. Es fällt Gottes Licht seit Urbeginn auf uns Menschen, so dass wir sein Bild und Gleichnis sind. Niemand kann das zerstören: kein Mörder, kein Richter, kein Staatsmann, kein Moralist, kein Phrasendrescher, kein Selbstgerechter, der den Bruder oder die Schwester erniedrigt. Die Geburt Jesu in Betlehem bewahrt für uns alle die Rettung unserer Menschenwürde.

Joachim Kardinal Meisner

Weihnachten – ein Fest für alle

Weihnachten scheint ein Fest für alle zu sein: für die Kleinen und für die Großen, für die Familien und für die Alleinstehenden, für die Wohlhabenden, und für die anderen, denen es nicht so gut geht. Woran das liegen mag? Das hat vielerlei Gründe, aber zutiefst scheint es die Sehnsucht der Menschen nach Geborgenheit, nach einer heilen Welt, nach Liebe und Frieden zu sein. Und so gilt für alle die Frohe Botschaft von Betlehem: „Ich verkünde euch eine große Freude, die allem Volke zuteil werden soll" (Lk 2,10b).

Diejenigen aber, denen der Engel diese frohe Nachricht bringt, sind freilich nicht die gut situierten Bürger der Stadt, es sind arme Hirten. Und das zur Welt gekommene Jesuskind finden sie nicht in einem wohlhabenden Haus, sondern sie werden ein „Kind finden, das, in Windeln gewickelt, in einer Krippe liegt" (Lk 2,12).

Jesus, dessen Geburtsfest wir feiern, gehört zu diesen Armen. Er wird unterwegs geboren, weil in der Herberge für ihn kein Platz war. Er ist, wie der hl. Paulus schreibt, für uns alle zur Sünde geworden (vgl. 2 Kor 5,21), indem er unsere Schuld auf sich genommen hat. Das ist die Armut Jesu: am Anfang war der Stall und am Ende das Kreuz.

Wir zählen uns nicht zu den Armen, die im Dunkel sind, sondern wir leben im Licht unseres Wohlstandes, der uns oft blind macht gegenüber der Armut. Bert Brecht hat es in der Dreigroschenoper so gesagt: „Und die einen sind im Dunkel, und die anderen im Licht. Doch man sieht nur die im Licht, die im Dunkel sieht man nicht."

Wer sind die Armen unserer Zeit – so wollen wir fragen, damit wir sie nicht übersehen. Es sind nicht nur die Hungernden und Notleidenden der Dritten Welt. Die Armen unserer Zeit leben mitten unter uns, ja wenn wir es recht verstehen, sind wir es selbst. Um die im Dunkel Lebenden zu gewahren, muss man aufmerksam hinschauen.

- Die Armen unter uns sind die Einsamen, die Alleinstehenden, besonders jene, denen der Partner gestorben ist, oder die sich von ihm getrennt haben. In der Woche haben sie ihren Beruf, ihre Arbeit, sind unter Menschen, mit denen sie sprechen können. Abends oder am Wochenende überfällt sie das Gefühl der Einsamkeit. Da werden die Stunden lang.
- Die Armen unter uns sind paradoxerweise die, die äußerlich gerade nicht arm sind. Sie haben alles im Beruf und im privaten Leben erreicht, was möglich ist. Sie können sich fast alles erlauben. Geld spielt keine Rolle. Leider auch Gott nicht! Doch da kann es geschehen, vielleicht durch einen äußeren Anlass bedingt, dass sich ihnen die Frage stellt: Wozu das alles? Wo ist der Sinn? Sie kommen sich innerlich leer vor, leiden an existenziellem Frust. So sind auch diese Menschen arm dran.
- Die Armen unter uns sind die Kranken, vor allem jene, die schon jahrelang unter ständigen Schmerzen leiden und in banger Unge-

wissheit in die Zukunft schauen. Das Dasein ist für sie zu einer Last und Qual geworden. Manche sagen: Ich möchte lieber tot sein als so weiterleben. Das kann nur der verstehen, der es selbst am eigenen Leibe erfahren hat.
- Die Armen unter uns sind nicht zuletzt die Menschen, auf denen schwere Schuld lastet, von der sie sich nicht befreien können. Sie sehen keinen Ausweg mehr und möchten am liebsten mit ihrem Leben Schluss machen.
- Die Armen unter uns sind schließlich die Menschen, die ohne Glauben leben. Für sie ist Gott höchstens nur eine Worthülse. Werden sie je zum Glauben finden, wenn keiner sie deshalb anspricht?

Die Armut liegt also wie ein Schatten über unser aller Leben, so dass Weihnachten als das Fest der Armen dann doch auch unser Fest werden kann.
Christus kommt in die Finsternis unseres Daseins, um sie zu erhellen. Er ist „Gott von Gott" und „Licht vom Licht". Weihnachten heißt für ihn, dass er in unsere Armut kommt, eins wird mit den Einsamen, Verlassenen, Ausgestoßenen, Kranken, Schuldiggewordenen und Verzweifelten. Es gibt für ihn keinen menschlichen Abgrund, der ihm nicht vertraut ist, denn am Anfang seines Lebens liegt er als hilfloses Kind

im Stall, und am Ende wird er hingerichtet am Kreuzesholz.

Jesus Christus ist also in die Armut unseres Menschseins hineingekommen; er ist einer von uns geworden, außer der Sünde. Dadurch hat er unser Menschsein vom Grund auf verändert. Es findet, wie die Liturgie sagt, ein „heiliger Tausch" statt. Jesus Christus übernimmt unsere Armut, und wir empfangen seinen Reichtum.

So werden alle, die sich vertrauensvoll seiner Botschaft öffnen, eine ganz neue Zukunft haben. Wo unser Weg zu Ende scheint, wo wir in eine Sackgasse oder auf einen Holzweg geraten sind, da fängt der Weg ganz neu an. Nur das eine erwartet Gott von uns, dass wir seine Einladung annehmen: „Kommt alle zu mir, die ihr euch plagt und schwere Lasten zu tragen habt. Ich werde euch Ruhe verschaffen." (Mt 11,20)

Gott selbst macht uns reich, wenn wir vor Gott arm sind. Die Krippe zeigt uns: er ist der sich uns schenkende Gott. So ist Weihnachten für alle da, für einen jeden von uns. Dafür wollen wir Gott im weihnachtlichen Lobpreis danken.

Rudolf Müller
(nach einer Predigtvorlage von Wilhelm Schmidt)

Segen

Sagt es leise weiter;
Sagt allen, die sich fürchten,
sagt leise zu ihnen:
Fürchtet euch nicht,
habt keine Angst mehr,
Gott ist da.
Er kam in unsere Welt,
einfach, arm, menschlich.
Sucht ihn,
macht euch auf den Weg!
Sucht ihn nicht über den Sternen,
nicht in Palästen,
nicht hinter Schaufenstern.
Sucht ihn dort, wo ihr arm seid,
wo ihr traurig seid und Angst habt.
Da hat er sich verborgen,
da werdet ihr ihn finden,
wie einen Lichtschein im dunklen Gestrüpp,
wie eine tröstende Hand,
wie eine Stimme, die leise sagt:
Fürchte dich nicht.

Peter Horst

Neujahr:
Maria – Pforte des Himmels

Durch den Vorhang der Wolken
war er verborgen
und durch die helle Jungfrau
wurde der Erlöser geboren.
Der Herr wurde gefunden,
die wahre Sonne der Gerechtigkeit
ging auf über den Menschen.

Wir glauben an den Vater
als den Sender,
und wir glauben an den Sohn
als den Gesandten,
und wir glauben an den Heiligen Geist
als den Lebendigmacher.

Hymne der Äthiopisch-Orthodoxen Kirche

Der Lobgesang

Will man diesen heiligen Lobgesang angemessen verstehen, so ist darauf Acht zu haben, dass die hochgelobte Jungfrau Maria aus ihrer eigenen Erfahrung redet. Diese wurde ihr durch den Heiligen Geist geschenkt; er hat sie gelehrt und erleuchtet. Wie überhaupt niemand Gottes Wort zu verstehen vermag, dem es nicht vorher unmittelbar gegeben wurde durch den Heiligen Geist. Es vom Heiligen Geist empfangen aber heißt: es erfahren, es mit ihm versuchen und insgesamt es sich einziehen lassen. Durch diese Erfahrung belehrt der Heilige Geist; das ist seine spezielle Schule. Wer hier nicht lernt, empfängt nur leere Worte und Geschwätz.

Entsprechend belehrt uns auch die zarte Mutter Christi mit dem Beispiel ihrer Erfahrung und mit Worten, wie man Gott erkennen, lieben und loben soll, zumal sie mit fröhlichem, beschwingtem Sinn sich hier rühmt und Gott lobt, dass er sie angesehen hat, obschon sie ohne Stand und Ansehen war. Und auch unter ihren Nachbarn und deren Töchtern war sie ein einfaches Mädchen, das das Vieh und den Haushalt versorgt, also nicht mehr als was man jetzt eine Hausmagd nennt, die im Hause zu tun hat, was man ihr zuweist.

Martin Luther

Impuls

Das Fest der Gottesmutter Maria feiert das Geheimnis, dass eine Frau Gottes Sohn geboren hat. Maria hat nicht einen Menschen geboren, der im Nachhinein von Gott als Sohn anerkannt wurde, sondern sie hat Gott selbst geboren. Um dieses Geheimnis haben die ersten christlichen Jahrhunderte gerungen. Das Volk lebte auf, als das Konzil von Ephesus den Titel der Gottesmutter für Maria sanktionierte. Auch die evangelische Kirche bekennt Maria als Gottesmutter. Doch wir können von dem Geheimnis der Gottesmutterschaft erst leben, wenn wir es auch feiern. Im Feiern wird ein dogmatischer Lehrsatz zu einem Bild des Lebens, das uns die Erlösung nicht nur zu verstehen, sondern auch erfahren lässt.

Anselm Grün

> *Seht, die Jungfrau wird ein Kind empfangen, sie wird einen Sohn gebären, und sie wird ihm den Namen Immanuel (Gott mit uns) geben.*
> *Jesaja 7,14b*

Vom Wachsen Marias

Maria war nicht von vornherein vollendet, sondern ist gewachsen, auch und insbesondere im Verhältnis zu ihrem Sohn. Es war göttliche Vorsorge, welche in die Kindheitsgeschichte den Satz brachte: „Sie verstanden das Wort nicht, das er zu ihnen sprach." Immerfort sind die Worte, Handlungen, Verhaltensweisen Jesu, die ganze Art, wie er lebte und existierte, über Marias Möglichkeiten hinausgegangen.
Das mystisch-spekulative Verständnis neigt dazu, sie so zu sehen, als sei sie von Anfang an eingeweiht gewesen; dadurch wird aber etwas vom Wesentlichsten und Schönsten dieses heiligen Daseins zerstört – ganz abgesehen von der Gefahr der Mythisierung, welche das Verhältnis Marias zu Jesus aus dem der Muttergöttin zum Sohne versteht.

Zu Jesu Lebzeiten hat Maria in ihm noch nicht den Sohn Gottes nach dem vollen Sinn der christlichen Offenbarung erkannt. Mit einem solchen Wesen wissend zusammenzuleben, wäre über ihre Kraft gegangen. Andererseits war er es aber; diese Wirklichkeit stand in ihrem Leben und brachte sich zur Geltung. Dem musste sie gerecht werden – das aber geschah, glaube ich, gerade dadurch, dass sie es nicht „verstand";

vielmehr in Ehrfurcht und Vertrauen das beständig fühlbare Geheimnis ertrug, ausharrte und langsam einem Verstehen zuwuchs, das ihr erst zu Pfingsten geschenkt werden sollte, als er äußerlich nicht mehr bei ihr war.

Auch damit steht sie im Zusammenhang des Alten Testaments. Das Geheimnis der Existenz, welche Gott seinem Volk durch den Bund vom Sinai geschenkt – und zugemutet – hat, bestand darin, dass er in ihm wohnte und handelte. Nicht nur so, dass er gegenwärtig ist, sondern ausdrücklich, personal, herrschend und handelnd. Wie denn das Gesetz nur aus diesem ungeheuren Gegenwärtigsein heraus verstanden werden kann: als von Gott selbst gegebene Hilfe, sie zu ertragen, und als Schutz davor, sie zu missbrauchen. Das vollendet sich hier.

Dass Maria in der Nähe Jesu leben konnte, mit ihm umgehen, ihn von sich abhängig sehen und mütterlich an ihm Anteil haben, ohne weder durch Angst erdrückt noch durch Hybris verwirrt zu werden, ist ein tiefes Wunder. Und darin vollzog sich ein beständiges Wachstum im Verstehen und Lieben, wahrer und größer als alles vorzeitige, von der Pfingsterleuchtung aus zurückverlegte Wissen.

Romano Guardini

Maria, Quell der Güte

Zum Leben der Heiligen gehört nicht bloß ihre irdische Biografie, sondern ihr Leben und Wirken von Gott her nach ihrem Tod. In den Heiligen wird es sichtbar: Wer zu Gott geht, geht nicht weg von den Menschen, sondern wird ihnen erst wirklich nahe. Nirgends sehen wir das mehr als an Maria. Das Wort des Gekreuzigten an den Jünger, an Johannes und durch ihn hindurch an alle Jünger Jesu: „Siehe da, deine Mutter" (Joh 19,27), wird durch alle Generationen hindurch immer neu wahr.

Maria ist in der Tat zur Mutter aller Glaubenden geworden. Zu ihrer mütterlichen Güte wie zu ihrer jungfräulichen Reinheit und Schönheit kommen die Menschen aller Zeiten und aller Erdteile in ihren Nöten und ihren Hoffnungen, in ihren Freuden und Leiden, in ihren Einsamkeiten wie in der Gemeinschaft. Und immer erfahren sie das Geschenk ihrer Güte, erfahren sie die unerschöpfliche Liebe, die sie aus dem Grund ihres Herzens austeilt. Die Zeugnisse der Dankbarkeit, die ihr in allen Kontinenten und Kulturen erbracht werden, sind die Anerkennung jener reinen Liebe, die nicht sich selber sucht, sondern nur einfach das Gute will. Die Verehrung der Gläubigen zeigt zugleich das untrügliche Gespür dafür, wie solche Liebe möglich wird: durch die innerste Einung mit Gott, durch das Durchdrungensein von ihm, das denjenigen, der aus dem Brunnen von Gottes Liebe getrunken hat, selbst zum Quell werden lässt, „von dem Ströme lebendigen Wassers ausgehen" (vgl. Joh 7,38). Maria, die Jungfrau, die Mutter, zeigt uns, was Liebe ist und von wo sie ihren Ursprung, ihre immer erneuerte Kraft nimmt. Ihr vertrauen wir die Kirche, ihre Sendung im Dienst der Liebe an:

> Heilige Maria, Mutter Gottes,
> du hast der Welt
> das wahre Licht geschenkt,
> Jesus, deinen Sohn – Gottes Sohn.
> Du hast dich ganz
> dem Ruf Gottes überantwortet
> und bist so zum Quell der Güte geworden,
> die aus ihm strömt.
> Zeige uns Jesus. Führe uns zu ihm.
> Lehre uns ihn kennen und ihn lieben,
> damit auch wir selbst
> wahrhaft Liebende
> und Quelle lebendigen Wassers
> werden können
> inmitten einer dürstenden Welt.

Papst Benedikt XVI.

Von der weihnachtlichen Freude

Über Freude und Hoffnung theologisieren ist eines, sie aber im Herzen der anderen zu bereiten, ist etwas Zweites und weit wichtiger. Da ist es nicht zu konservativ oder zu katholisch, sich an das Herz Mariens zu wenden: Du, Ursache unserer Freude, gib uns Anteil an der weihnachtlichen Freude, die in deinem Herzen hinterlegt ist.

Schon vor der Geburt des Herrn wird das deutlich. Als sich die beiden ungeborenen Kinder: Jesus und Johannes, in ihren Müttern Maria und Elisabet begegnen, da hüpfte vor Freude das Kind Johannes im Schoße seiner Mutter Elisabet (vgl. Lk 1,44). Wo Christus ist, dort bricht die Freude auf. In diese pessimistische Zeit, die sich immer so gibt, als ob sie nichts mehr hätte, woran sie sich freuen könnte, klingt das große Loblied Marias, das Magnifikat, hinein, das sich im Gesang der Engel auf den Fluren von Betlehem fortsetzt. Wie diese schlichte Frau nach der Erfahrung der Nähe Gottes in der Menschwerdung Christi unter ihrem Herzen sich nicht vor Seligkeit fassen kann, so dass sie ihre innere Freude heraus singen muss im Magnifikat!

Im kirchlichen Stundengebet wird der weihnachtliche Lobgesang Mariens bei jeder Vesper gebetet bzw. gesungen. Erst hallen die uralten Psalmenverse bei der feierlichen Vesper durch den Dom in ihrer Regelmäßigkeit wie die Wellen des Meeres, und dann flutet es auf einmal empor wie ein Sturm des Jubels: „Magnificat anima mea Dominum" – „Meine Seele preist die Größe des Herrn" (Lk 1,46). Wenn dann die einzelnen Verse in den weiten Raum hineinklingen, dann ist es, wie wenn an einem Rosenstrauch Blüte um Blüte aufbricht: Neue Farben, neuer Duft, neue Freude wird spürbar: „Denn der Mächtige hat Großes an mir getan und sein Name ist heilig" (Lk 1,49).

Die Freude ist die erste Frucht der Gnade Gottes. Hier ist es so, als singe nicht nur diese heilige Frau aus Palästina, sondern hier singt die ganze Kirche mit: Menschen und Engel und alle Kreatur. Deshalb sind die Engel mit ihrem weihnachtlichen „Gloria in Excelsis" zu hören. Alle wissen zu erzählen, was Gott ihnen Großes getan hat.

Jeder hat ein anderes Magnifikat. Jeder hat andere Gaben und Gnaden empfangen. Jeder weiß etwas anderes von Gottes Güte zu erzählen. Und wir, wo ist unser Magnifikat? Wo ist unser Dank? Wo ist unser Lobpreis, unsere Anbetung, unsere Freude im Herrn, die zugleich unsere Stärke ist?

Joachim Kardinal Meisner

Die Eltern suchen ihren Sohn

Die Eltern Jesu gingen jedes Jahr zum Paschafest nach Jerusalem. Als er zwölf Jahre alt geworden war, zogen sie wieder hinauf, wie es dem Festbrauch entsprach. Nachdem die Festtage zu Ende waren, machten sie sich auf den Heimweg. Der junge Jesus aber blieb in Jerusalem, ohne dass seine Eltern es merkten. Sie meinten, er sei irgendwo in der Pilgergruppe, und reisten eine Tagesstrecke weit; dann suchten sie ihn bei den Verwandten und Bekannten. Als sie ihn nicht fanden, kehrten sie nach Jerusalem zurück und suchten ihn dort. Nach drei Tagen fanden sie ihn im Tempel; er saß mitten unter den Lehrern, hörte ihnen zu und stellte Fragen. Alle, die ihn hörten, waren erstaunt über sein Verständnis und über seine Antworten. Als seine Eltern ihn sahen, waren sie sehr betroffen und seine Mutter sagte zu ihm: Kind, wie konntest du uns das antun? Dein Vater und ich haben dich voll Angst gesucht. Da sagte er zu ihnen: Warum habt ihr mich gesucht? Wusstet ihr nicht, dass ich in dem sein muss, was meinem Vater gehört?

Lukas 2,41-49

Meditation

Maria macht sich Sorgen um ihr einziges Kind. Verständliche Sorge, aber doch zu viel Sorge. Die Zeit des kindlichen Gehorsams ist vorbei. Das Kind ist kein Kind mehr. Der Zwölfjährige macht sich selbstständig und übt seine Mündigkeit. Ohne Wissen der Eltern geht er eigene Wege. Er weiß, was er will. Er praktiziert nur das, was die Eltern ihn gelehrt haben: Gehorsam gegenüber dem Gewissen. Die Freiheit des Gewissens geht ihm über alles. Denn Gott führt jeden anders.
Viele reden allerdings von ihrem Gewissen und meinen nur ihr Gefühl. Gewissen ist immer geprüftes Wissen, eine Überzeugung, umso fester, je mehr sie bedacht wurde, auch vor Gott.
Für Jesus steht der Gehorsam gegenüber Gott über allem menschlichen Gehorsam. Er ist durch keinen Gehorsam zu ersetzen. Man muss Gott mehr gehorchen als allen Obrigkeiten.
Konflikte sind unvermeidbar. Die Eltern Jesu erschrecken und fragen vorwurfsvoll: Warum dies alles? Wir haben dich mit Schmerzen gesucht! [...]
Die ersten Worte Jesu, von denen die Schrift berichtet, sind Fragen: „Warum habt ihr mich gesucht?" Das heißt: Warum macht ihr euch Sorgen? Eine merkwürdige Frage. Besteht der Mensch nicht – aus lauter Sorgen! Muss er sich nicht sor-

gen um seinen Nächsten, um sein Land, um die Welt? Für Jesus gibt es nur eine Sorge: Was will Gott von mir? Alles andere Sorgen macht allzu bald ängstlich und unfrei, es fehlt das Vertrauen.
Ihn bindet nur Gott. Darum seine zweite Frage: „Wisst ihr denn nicht, dass ich dort sein muss, wo der Vater es will?" Und er betont „mein Vater". Er besitzt nur einen Vater. Denn er und der Vater sind eins. Maria möchte Antwort geben auf diese Fragen. Aber sie versteht nichts von dem, was er sagt. Sie versteht nicht einmal – seine Frage.
Darum bleibt für sie – nur das Schweigen. Kein verbittertes Schweigen, sondern ein Schweigen, das zu ahnen beginnt – ein Geheimnis.

Man muss nicht alles begreifen. Maria bewahrt alles in ihrem Herzen. Darauf allein kommt es an: auf das Herz. Pater Delp schreibt vor seiner Hinrichtung: „Wenn unser Herz richtig schlägt, ist alles in Ordnung. Ein Mensch ist soviel Mensch, als er ein Herz hat und es einsetzt, das heißt, als er liebt." Und Maria – liebte ihren Sohn.

Theo Schmidkonz

Maria, Mutter des Herrn

Maria, Mutter unseres Herrn,
o Himmelspfort, o Morgenstern.
Hilf der bedrängten Christenheit
auf ihrem Wege durch die Zeit.

Ein Staunen die Natur erfasst,
dass du den Herrn geboren hast.
Den Herrn und Schöpfer aller Welt,
der dich erschaffen und erwählt.

Marie Luise Thurmair

Erscheinung des Herrn:
Von Anbetung und Ehrfurcht

Herbei, oh ihr Gläubigen

Herbei, o ihr Gläub'gen, fröhlich triumphieret,
o kommet, o kommet nach Betlehem!
Sehet das Kindlein, uns zum Heil geboren!
O lasset uns anbeten, o lasset uns anbeten,
o lasset uns anbeten den König!

Du König der Ehren, Herrscher der Heerscharen,
verschmähst nicht zu ruhn in Marien Schoß,
Gott, wahrer Gott von Ewigkeit geboren.
O lasset uns anbeten, o lasset uns anbeten,
o lasset uns anbeten den König!

Kommt, singet dem Herren, singt, ihr Engelchöre!
Frohlocket, frohlocket, ihr Seligen:
„Ehre sei Gott im Himmel und auf Erden!"
O lasset uns anbeten, o lasset uns anbeten,
o lasset uns anbeten den König!

Ja, dir, der du heute Mensch für uns geboren,
Herr Jesu, sei Ehre und Preis und Ruhm,
dir, fleischgewordnes Wort des ewgen Vaters!
O lasset uns anbeten, o lasset uns anbeten,
o lasset uns anbeten den König!

Friedrich Heinrich Ranke

Verheißung und Bedrohung des Lebens

Keine Familienidylle, wie wir sie gerne hätten, keine friedvolle Gemeinsamkeit von Vater, Mutter und Kind, stattdessen Verfolgung und Flucht. So schildert Matthäus den Lebensanfang des neugeborenen Jesus. Nach allem, was wir aus der damaligen Zeit wissen, hat weder unter Herodes ein Kindermord stattgefunden, noch war Jesus mit seinen Eltern in Ägypten. Was bewegt also den Evangelisten zu solcher Darstellung? Ein Schlüssel zum Verstehen ist die Formulierung „denn es sollte sich erfüllen ..." Matthäus ist daran gelegen zu zeigen, wie sich mit Jesus die alttestamentliche Prophetie erfüllt. Keinen historischen Bericht bietet er darum, wohl aber ein sorgfältig komponiertes, an alttestamentlichen Anspielungen, theologischen Motiven und Ausblicken reiches Glaubenszeugnis: Todesbe-

drohung und Flucht verweisen auf die spätere Passion, aber auch auf den neugeborenen Mose, der durch den damaligen Pharao bedroht war und nur durch eine Art Flucht, nämlich durch Aussetzung, gerettet werden konnte (Exodus 1,8-2,10). Die Rückkehr aus Ägypten erinnert an den Exodus und an die Verheißung des Propheten Hosea (11,1), die der Evangelist zitiert: „Aus Ägypten habe ich meinen Sohn gerufen." Und wenn davon die Rede ist, dass Jesus „Nazoräer" genannt wird, so geht es nicht nur um eine Herkunftsbezeichnung, sondern um die Verwandtschaft mit dem hebräischen „nazar", was soviel meint wie „der von Gott Bestimmte" (vgl. Jesaja 42,6; 49,8).
Das, was die Tradition „Schriftbeweise" nennt, findet sich reichlich in diesem Abschnitt. Und gerade durch sie wird Jesus als der verheißene, schon im Alten Testament angekündigte Messias ausgewiesen. Die verschiedenen Aussagen kulminieren in der Aussage: Das neugeborene Kind ist der verheißene Messias und in ihm handelt Gott selbst. Das unterstreicht auch die Rede vom „Engel des Herrn", der Josef im Traun sagt, was er zu tun habe, und ihn so zum Agieren bringt.
Der Text von der Bedrohung des Lebens des Neugeborenen und der Flucht nach Ägypten wird am Fest der Heiligen Familie verlesen und so in einen Kontext gestellt, den Matthäus nicht

im Blick hatte. Dadurch fällt ein ganz anderes Licht auf ihn. Die theologischen Motive, auf die der Evangelist zurückgreifen kann – die Bedrohung des Lebens schon in seinen Anfängen, Verfolgung und Flucht – sind für viele Kinder und deren Familien bittere Realität. Was Matthäus dazu dient, das neugeborene Kind groß und bedeutungsvoll erscheinen zu lassen, drückt viele Kinder und Familien auf dieser Welt nieder. Wo er die Heilsgeschichte zwischen Gott und der Menschheit und damit wahrhaft „Frohe Botschaft" zum Ausdruck bringen will, erleben Familien vielfach Unheil.

Das Evangelium macht mit aller Schärfe aufmerksam auf die Diskrepanz zwischen dem göttlichen Kind und den vielen Kindern dieser Welt, zwischen der so genannten Heiligen Familie und den unerlösten, unheilvollen Verhältnissen, mit denen sich Familien heute zu arrangieren haben. Und es spricht von der Hoffnung auf Erlösung und dem Kommen desjenigen, der den Menschen das Heil bringen kann.

Sabine Pemsel-Maier

Anbetung

Als Jesus zur Zeit des Königs Herodes in Betlehem in Judäa geboren worden war, kamen Sterndeuter aus dem Osten nach Jerusalem und fragten: Wo ist der neugeborene König der Juden? Wir haben seinen Stern aufgehen sehen und sind gekommen, um ihm zu huldigen. Als König Herodes das hörte, erschrak er und mit ihm ganz Jerusalem. Er ließ alle Hohenpriester und Schriftgelehrten des Volkes zusammenkommen und erkundigte sich bei ihnen, wo der Messias geboren werden solle. Sie antworteten ihm: In Betlehem in Judäa; denn so steht es bei dem Propheten:

> *Du, Betlehem im Gebiet von Juda,*
> *bist keineswegs die unbedeutendste*
> *unter den führenden Städten von Juda;*
> *denn aus dir wird ein Fürst hervorgehen,*
> *der Hirt meines Volkes Israel.*

Danach rief Herodes die Sterndeuter heimlich zu sich und ließ sich von ihnen genau sagen, wann der Stern erschienen war. Dann schickte er sie nach Betlehem und sagte: Geht und forscht sorgfältig nach, wo das Kind ist; und wenn ihr es gefunden habt, berichtet mir, damit auch ich hingehe und ihm huldige. Nach diesen Worten des Königs machten sie sich auf den Weg. Und der Stern, den sie hatten aufgehen sehen, zog vor ihnen her bis zu dem Ort, wo das Kind war; dort blieb er stehen. Als sie den Stern sahen, wurden sie von sehr großer Freude erfüllt. Sie gingen in das Haus und sahen das Kind und Maria, seine Mutter; da fielen sie nieder und huldigten ihm. Dann holten sie ihre Schätze hervor und brachten ihm Gold, Weihrauch und Myrrhe als Gaben dar. Weil ihnen aber im Traum geboten wurde, nicht zu Herodes zurückzukehren, zogen sie auf einem anderen Weg heim in ihr Land.

Matthäus 2,1-12

Was Gott für uns bedeutet

Wir feiern mit der Geburt Jesu Christi den Geburtstag des Lebens: Gott ist in Jesus Christus Mensch geworden, um allen Menschen nahe zu sein, um durch einen von uns den Weg des Heils zu erschließen. Das ist die große, die beglückende Freuden-Botschaft des Weihnachtsfestes: In der Menschwerdung Gottes in Jesus Christus zeigt sich, was Gott für uns bedeutet. Aber noch mehr: In der Geburt Jesu Christi geht uns auf, was erst wir Menschen Gott bedeuten müssen, dass er zu uns kommt: Wie unendlich wertvoll sind wir Menschen doch für Gott. Jede und jeder Einzelne und die ganze Menschheitsfamilie ist Gott so wichtig, dass er selbst Mensch wird – für uns. Gottes Heil nimmt Gestalt an in einem ganz konkreten, unverwechselbaren Menschen. Das heißt doch umgekehrt auch: Gottes Heilsweg mit den Menschen ist sein entschiedenes Bekenntnis zu Besonderheit, Originalität, Unverwechselbarkeit, zu einem Namen, in dem das Heil der Welt liegt. Gott liebt das Besondere, das Unverwechselbare, das einfach Einmalige.

Das Fest der Menschwerdung des Menschen
Merken wir, wie heilsam das klingt und wirkt in Zeiten, in denen der Mensch damit anfängt, sich selbst zu kopieren und sich als Klon in Serie zu produzieren? Am Horizont erhebt sich die Zukunft der Menschen in Serienproduktion. Zu Recht stehen wir auf gegen den Verlust des Einmaligen, gegen die grausige Zumutung an geklonte Kinder, nur Kopien sein zu dürfen und nicht mehr Originale. Gott liebt uns Einmalige. Er will uns Menschen als Original, in unserer Besonderheit, mit unserem unverwechselbaren Namen, mit unserer einmaligen Geschichte. Das ist die heilsame Nachricht von Weihnachten an uns: „Mensch, ich nehme dich an, konsequent, radikal, dieses menschliche Leben, mitsamt seinem Geschick,

Glück und Elend." Weihnachten als Fest der Menschwerdung Gottes wird zum Fest der Menschwerdung des Menschen. Aber die heilsame Nachricht wird auch zum heilsamen Lebensweg für uns: „Ich liebe dich, Mensch, nimm auch du dich an mit deinen Grenzen, deiner Endlichkeit, ja mit Krankheit, Sterben und Tod." Weil wir so von Gott angenommen sind, können auch wir uns selbst annehmen in den eigenen Grenzen und auch die begrenzten Mitmenschen annehmen. Es braucht keinen Übermenschen, kein perfekt gestyltes, unverletzliches Designerbaby oder Klonkind: Gott selbst ist Mensch geworden; er ist sichtbar und greifbar geworden in einem konkreten Menschen; er ist begrenzt und hinfällig geworden, wie wir Menschen selbst es sind; er ist selbst einer von uns Menschen, nackt und verwundbar, Mensch aus Fleisch und Blut geworden.

Gott wird Mensch, er nimmt uns Menschen an, damit wir uns selbst und die anderen Menschen annehmen. Jeder Mensch, so wie er ist, ist Mensch, nicht der eine mehr, der andere weniger. Jeder Mensch hat nicht nur einen Wert, sondern vor allem eine Würde, seine ihm von Gott gegebene, deshalb unantastbare Würde. Deshalb brauchen wir die Erinnerung und Vergegenwärtigung des Weihnachtsfestes: der Geburt Gottes im einmaligen Menschen.

Hingehen, wo Jesus Christus wirklich zu finden ist

Aber noch ein zweiter Gedanke ist wichtig, denn der Stern der Weihnacht lenkt unseren Blick dahin, wo Menschen in Armut und Not leben. Er weist unseren Weg auf jene, die ausgegrenzt, benachteiligt, behindert sind. Er erinnert uns auch an all die Menschen, die in unseren Gesellschaften und durch uns behindert und benachteiligt werden.

So viele Menschen sehnen sich heute nach Heil und nach Heilung. So viele Menschen müssen unter heillosen Bedingungen leben: in Not und Armut, in Krieg, in ungerechten wirtschaftlichen, politischen und sozialen Verhältnissen.

Wer Jesus Christus wirklich finden will, muss dahin, an diese Orte und zu diesen Menschen gehen. Da ist er, bei denen, deren Würde mit Füßen getreten wird, die in unserer Gesellschaft unter die Räder kommen: die Arbeitslosen, die Pflegebedürftigen, Kranken, die Ungeborenen, die von vielen zum bloßen Biomaterial degradiert zu werden drohen.

Gott nimmt uns Menschen an: das ist die frohe, die erlösend-heilsame, uns Menschen und die Welt verwandelnde Botschaft des Weihnachtsfestes.

Gebhard Fürst

Unsere Sehnsucht weitertragen

Folge dem Stern
traue deiner Intuition
die dich entschiedener werden lässt

Folge dem Stern,
der dich zusammenführt mit andern
die die Menschenfreundlichkeit Gottes
in allen Dimensionen des Lebens suchen

Folge dem Stern
der deine dunklen Seiten erhellt
im wohlwollenden Blick der Verwandlung

Folge dem Stern
der Menschen verschiedener Kulturen
zur Begegnung beim Essen und Trinken führt

Folge dem Stern
der deinen Hunger und Durst nach Gerechtigkeit
weiterträgt in dein soziales Engagement

Folge dem Stern
der dich an deine königliche Würde erinnert
sie entlastet dich davon
dir und anderen etwas beweisen zu müssen:
du darfst sein wie du bist

Pierre Stutz

Sternstunde der Anbetung

Die Anbetung des Kindes in der Krippe ist ein elementares Politikum. Damit bekennen wir, dass wir niemand Anderem in der Welt Gehorsam schuldig sind als allein diesem Kind, in dem uns der Weltheiland und Weltkönig geboren ist. Es ist deshalb kein Zufall, dass die ganze Weihnachtsgeschichte des Matthäus auf die Anbetung des Kindes durch die Magier hinausläuft – genauso wie das ganze Matthäusevangelium auf die Anbetung Jesu Christi hinausläuft. Am Ende des Evangeliums werden nämlich die Jünger vor dem Auferweckten genauso niederfallen wie an seinem Beginn die Magier vor dem Kind.

Hier liegt auch der Grund, warum sich die Magier genieren, mit leeren Händen vor den Heiland hinzutreten. Dabei sind ihre Gaben durchaus kostbar, aber auch etwas rührend naiv. Denn wer bringt einem Kind schon Gaben mit, mit denen es in absehbarer Zeit nichts anfangen kann? Tiefer besehen jedoch sind ihre Gaben ungemein kostbar. Denn mit ihren Gaben zeigen die Magier, dass eigentlich sie selbst es sind, die sich hingeben und darbringen sollen. Gold, Weihrauch und Myrrhe sind deshalb auch Gaben des Abschieds der Magier von ihrem bisherigen Leben, von ihrem reichen Leben, das sie jetzt nicht mehr nötig haben, weil sie einen ganz anderen und viel kostbareren Reichtum gefunden haben.

Kurt Koch

Sterne weisen dir den Weg

Sterne weisen dir den Weg
durch die Nacht zum Morgen
Lege jetzt den Kummer ab
und vergiss die Sorgen.

Lass die Trauer schlafen gehen
und nicht mehr erwachen,
dann wirst du die Sterne sehen
und mit ihnen lachen.

Hoffnung künden sie dir an,
dein Herz wird sie spüren,
zu versöhnten Wegen dann
werden sie dich führen.

Christa Spilling-Nöker

Von der Taufe:
Der geliebte Mensch

Wer bin ich?
Ein Mensch. Ein Kind. Ein Erdbewohner.
Ein Lebewesen.

Wie bin ich?
Manchmal traurig. Manchmal fröhlich.
Manchmal einsam.
Manchmal glücklich.
Manchmal habe ich Angst.

Wer hilft mir?
Vater und Mutter.
Mein Freund. Meine Freundin.
Ein anderer Mensch.
Ich kann mir selber helfen.

Woher komme ich?
Aus dem Leib meiner Mutter.
Aus dem Samen meines Vaters.
Aus einer Familie.

Wohin gehe ich?
Ins Leben. In einen Beruf.
Zu vielen Menschen. In die Zukunft.

Wozu lebe ich?
Um zu lernen? Um Geld zu verdienen?
Um eine Familie zu haben?
Um glücklich zu sein?

Was soll aus mir werden?
Ein guter Mensch? Ein kluger Mensch?
Ein tapferer Mensch?
Ein glücklicher Mensch?

Ich frage. Ich suche.

Dietrich Steinwede

Taufe des Herrn

Heute feiern wir das Fest der Taufe des Herrn. Die Evangelien berichten, dass Jesus zu Johannes dem Täufer an den Jordan ging, um von ihm die Taufe der Buße zu empfangen. Bald darauf, während er betete, „kam der Heilige Geist auf ihn herab, und eine Stimme aus dem Himmel sprach: Du bist mein geliebter Sohn, an dir habe ich Gefallen gefunden" (vgl. Lk 3,21-22).
Dies ist die erste öffentliche Kundgabe der messianischen Identität Jesu nach der Anbetung

durch die Sterndeuter. Daher stellt die Liturgie die Taufe Jesu neben die Epiphanie, mit einem Zeitsprung von etwa 30 Jahren: Das Kind, das die Sterndeuter als messianischen König anbeteten, sehen wir heute vom Vater im Heiligen Geist geweiht.

In der Taufe am Ufer des Jordan tritt der messianische „Stil" Jesu klar zutage: Er kommt als „Lamm Gottes", um die Sünde der Welt auf sich zu nehmen und hinweg zu nehmen (vgl. Joh 1,29.36). So stellt ihn Johannes den Aposteln vor (vgl. Joh 1,36). Auch wir, die wir an Weihnachten das große Ereignis der Menschwerdung gefeiert haben, sind aufgefordert, unsere Blicke fest auf Jesus, das menschliche Antlitz Gottes und göttliche Antlitz des Menschen, zu richten. Unübertroffene Lehrerin der Kontemplation ist die allerseligste Jungfrau Maria. Menschlich gesehen, musste sie zwar leiden, als Jesus aus Nazaret fortging, aber aus seinem öffentlichen Wirken erhielt sie neues Licht und neue Kraft für den Pilgerweg des Glaubens. Die Taufe Christi ist das erste lichtreiche Geheimnis für Maria und für die ganze Kirche. Es möge den Lebensweg jedes Christen erleuchten!

Johannes Paul II.

Du bist mein geliebter Sohn ...

„... Und gleich, als er (Jesus) aus dem Wasser stieg, sah er die Himmel sich öffnen und den Geist wie eine Taube auf sich herabkommen; und es war da eine Stimme aus dem Himmel:
Du bist mein geliebter Sohn, an dir habe ich Freude."

Es sind dies die ersten Sätze, mit denen Markus seinen Freund vorstellt. Und sie haben es in sich! Man muss freilich die Bildersprache verstehen, um ihre tiefe Aussage zu erfassen. Den Zuhörern damals wird das nicht schwer gefallen sein – sie kannten diese Bilder und wussten, was sie bedeuten. Doch uns sind sie nicht mehr ohne weiteres verständlich. Ganz verfehlt wäre es, wenn wir sie „wörtlich nehmen" wollten und darin die Schilderung eines „genau so" abgelaufenen Ereignisses sehen würden. Das wäre etwa so, wie wenn ich heute in einem Brief schreiben würde: „... da rutschte mir das Herz in die Hosentasche!" Mein Briefpartner weiß, was ich damit sagen will: dass ich furchtbare Angst bekam. Fällt mein Brief in einigen hundert Jahren einem Dritten in die Hände, der diese Bildsprache nicht mehr kennt, könnte er dieselben Worte so verstehen: Beim Reinhard Körner ist damals ein anatomisches Wunder geschehen, sein Herz schlug plötzlich in der Hosentasche weiter ... Er hätte damit erstens etwas Falsches verstanden und zweitens nicht verstanden, was ich sagen wollte. Ein simpler Vergleich, doch er illustriert haargenau, was wir mit der Bibel machen, wenn wir sie „wörtlich nehmen": Es kommt 1. eine Aussage an, die gar nicht gemeint war, und es kommt 2. die Botschaft nicht an, die der biblische Autor verkünden wollte. – Schon an dieser Stelle brauche ich also die Hilfe der Fachleute, die sich mit den Sprach- und Ausdrucksgewohnheiten des Markus und seiner Zeit dank Forschung und Studium auskennen. Und dann lese ich den Text so:

Als Jesus aus dem Wasser stieg, „sah er die Himmel sich öffnen ..." – Das ist alte religiöse Symbolsprache. Das Alte wie das Neue Testament verwenden sie, um zum Ausdruck zu bringen, was sich mit trockenen Begriffen kaum sagen lässt: Hier hat einer die Nähe Gottes erahnt; hier haben Herz und Verstand etwas „vom Himmel geschaut" ... Ezechiel erzählt mit den gleichen Worten von seiner Berufung (Ez 1,1), ähnlich auch der Seher von Patmos (Apk 4,1), und noch heute sagen wir: „Da hab ich in meinem Herzen etwas vom Himmel gespürt ..." Er „sah" – das ist nicht das Hingucken der Augen, das ist Erkennen und Erschauen in der Tiefe der Seele; „die Himmel" – das sind nicht die Wolken über der

Jordangegend (es heißt nicht „der Himmel" im griechischen Text!), das ist der verborgen-gegenwärtige Gott selbst; „sich öffnen" – das ist kein (wundersames) Naturschauspiel, das ist inneres Angerührtwerden, tiefes inneres Gewisswerden, das in Jesus geschieht ... Verdeutlichend in diesem Sinne wird Lukas in den Markustext einfügen: „Und während er betete, öffnete sich der Himmel ..." (Lk 3,21).

„... und den Geist ... auf sich herabkommen." – Auch das sind Worte, die schon das Alte Testament kennt: „Der Geist des Herrn lässt sich nieder auf ihm, der Geist der Weisheit und der Einsicht, der Geist des Rates und der Stärke, der Geist der Erkenntnis und der Ehrfurcht vor Gott", sagt der Prophet Jesaja (Jes 11,2; vgl. auch 42,1 u. 61,1); die Rede ist dort von einem Menschen, der von Gott her kommen wird, um diesen Geist Gottes über die Erde auszugießen. „Die Geist" heißt es im Aramäischen, der Muttersprache Jesu und der Sprache der ersten Christen in Israel, von denen Markus diese Tauferzählung übernommen haben wird; das weibliche Wort „ruach" konnte er auf Griechisch nur mit dem sächlichen Wort „pneuma" wiedergeben, in der Kirchensprache Latein stand dafür nur die männliche Vokabel „Spiritus Sanctus" zur Verfügung und im Deutschen wurde daraus „der Heilige Geist". Die Schriften des Alten Testaments,

Jesus und die jüdischen Christen sprachen mit einem weiblichen Wort vom Heiligen Geist. Der mütterlich sorgende, liebende, heilende Geist Gottes lässt sich in Jesus ein ...

„... wie eine Taube ..." – Wie eine Taube kommt der Geist auf Jesus herab, nicht als eine Taube. Tiere sind Symbolgestalten, mit denen wir bis heute das Wesen und den Charakter eines Menschen beschreiben. Wir wissen, was gemeint ist, wenn wir jemanden einen Fuchs heißen, einen Hasen, ein Kamel oder einen Esel. Die Religionsgeschichte ist voll von Tiersymbolen, mit denen die Menschheit auch ihre Vorstellungen vom Wesen und Charakter Gottes ausdrückte. Es läuft mir auch heute noch ein Schauer über den Rücken, wenn ich in den Berliner Museen die steinernen Stiere, Löwen und Greifvögel betrachte, die einst vor den Toren der antiken Städte standen, um dem Fremden, der sie betrat, Furcht vor den Göttern einzuflößen, die dort das Sagen hatten. Die Taube – das ist nicht der brüllende Löwe, der bedrohliche Stier und der reißende Greifvogel; die Taube ist das leise Tier, scheu eher, nicht bedrohend, ein anmutiges, liebenswürdiges Geschöpf. „Schön bist du, meine Freundin, ja, du bist schön. Zwei Tauben sind deine Augen", sagt im alttestamentlichen Hohen Lied der Verliebte (Hld 1,15; 4,1); „meine Taube", nennt er die Freundin (Hld 2,14; 5,2; 6,9), denn „süß ist deine Stimme, lieblich dein Gesicht" (Hld 2,14). Jesus selbst wird später seinen Jüngern sagen: „Seid arglos wie die Tauben" (Mt 10,16)... Nicht der Geist der Macht und der Gewalt also, der Drohung und des „Zorngerichts" kommt auf Jesus herab; „wie eine Taube", anmutig, liebevoll, zärtlich erfährt er die Gegenwart Gottes ...

„... und es war da eine Stimme aus den Himmeln ..." – Nicht von einem Tönen aus den Wolken ist hier die Rede. Die „innere Stimme" spricht, die Gewissheit der Gegenwart Gottes aus der Tiefe des Herzens, die bis heute alle Menschen kennen, die wie Abraham, der „Vater der Glaubenden", und wie Maria, das „Urbild der Kirche", auf Gott zu horchen verstehen ...

„Du bist mein geliebter Sohn, an dir habe ich Freude." – In der deutschen Einheitsübersetzung der Bibel sind diese Worte in Schrägschrift gedruckt, so, wie immer dann, wenn von den Autoren des Neuen Testaments ein alttestamentliches Schriftwort zitiert wird. Markus nimmt ein Wort aus den Psalmen zu Hilfe – „Mein Sohn bist du" (Ps 2,7) – und eines aus dem Buch Jesaja – „... an ihm habe ich Freude" (Jes 42,1) –, um damit auch begrifflich auszudrücken, wovon die Symbolik seiner kleinen Erzählung spricht. Dort, an ihrem ursprünglichen Ort im Alten Testament, sind es ebenfalls Worte aus dem „Munde Gottes", die sich an Menschen richten, auf denen

„der Geist Gottes ruht". Es sind Worte, die sich dem aufschließen, der die Sprache der Liebe kennt: das zärtliche, Vertrauen schenkende Wort eines Vaters zu seinem Sohn oder das Wort der Liebenden, die einander sagen: „Du bist meine ganze Freude, meine Glückseligkeit!" (Die gebräuchliche Übersetzung: „An dir habe ich Gefallen/Wohlgefallen gefunden" bringt das hier Gemeinte für unser heutiges Sprachempfinden leider nur unzureichend und viel zu „hochdeutsch" zum Ausdruck.)

So also ist Gott, wie Jesus ihn erkennt und erfährt: ein Gott, dem Jesus ein „geliebter Sohn" und seine „ganze Herzensfreude" ist. Und so also ist Jesus: ein Mensch mit dem Gott im Herzen, der wie eine Taube ist ... „Abba" – „mein lieber Vater" – wird Jesus Gott nennen, und diesen Vater wird er den Jüngern, den Schriftgelehrten und den „Volksscharen" verkünden. Dieser „Abba" wird sein „Ge-Schick" (Heinz Schürmann) werden, seine Sendung und sein Schicksal ...

Man muss durch die Aussagen der biblischen Texte – durch die Aussagen, die „die heiligen Schriftsteller wirklich zu sagen beabsichtigten" natürlich! (Über die göttliche Offenbarung, Nr. 12) – hindurchschauen, sagen die Meister des geistlichen Lebens zu allen Zeiten, die betenden Menschen in der Geschichte der Kirche, die Christen mit dem „geistlichen Gespür", [...]; man muss sich durch die Bilder und Worte hindurch in den einfühlen, von dem hier erzählt wird ... Ich muss hinter diese Worte und hinter diese Bildsprache horchen, durch sie hindurch, in Jesus hinein, um zu erahnen, was ihn da von Gott her, aus „den Himmeln", erfüllt ... – betend, im „Zwiegespräch" mit ihm: So bist du, Jesus, du mein und unser Freund aus Nazaret ...

Reinhard Körner

Das Geschenk der Gemeinschaft

Unzählige Male ist eine ganze christliche Gemeinschaft daran zerbrochen, dass sie aus einem Wunschbild heraus lebte. Gerade der ernsthafte Christ, der zum ersten Male in eine christliche Lebensgemeinschaft gestellt ist, wird oft ein sehr bestimmtes Bild von der Art des christlichen Zusammenlebens mitbringen und zu verwirklichen bestrebt sein. Es ist aber Gottes Gnade, die alle derartigen Träume rasch zum Scheitern bringt. Die große Enttäuschung über die Andern, über die Christen im Allgemeinen und, wenn es gut geht, auch über uns selbst, muss uns überwältigen, so gewiss Gott uns zur Erkenntnis echter christlicher Gemeinschaft führen will. Gott lässt es aus lauter Gnade nicht zu, dass wir auch nur wenige Wochen in einem Traumbild leben, uns jenen beseligenden Erfahrungen und jener beglückenden Hochgestimmtheit hingeben, die wie ein Rausch über uns kommt. Denn Gott ist nicht ein Gott der Gemütserregungen, sondern der Wahrheit. Erst die Gemeinschaft, die in die große Enttäuschung hineingerät mit all ihren unerfreulichen und bösen Erscheinungen, fängt an zu sein, was sie vor Gott sein soll, fängt an, die ihr gegebene Verheißung im Glauben zu ergreifen. Je bälder die Stunde dieser Enttäuschung über den Einzelnen und über die Gemeinschaft kommt, desto besser für beide. Eine Gemeinschaft aber, die eine solche Enttäuschung nicht ertragen und nicht überleben würde, die also an dem Wunschbild festhält, wenn es ihr zerschlagen werden soll, verliert zur selben Stunde die Verheißung christlicher Gemeinschaft auf Bestand, sie muss früher oder später zerbrechen. Jedes menschliche Wunschbild, das in die christliche Gemeinschaft mit eingebracht wird, hindert die echte Gemeinschaft und muss zerbrochen werden, damit die echte Gemeinschaft leben kann. Wer seinen Traum von einer christlichen Gemeinschaft mehr liebt als die christliche Gemeinschaft selbst, der wird zum Zerstörer jeder christlichen Gemeinschaft, und ob er es persönlich noch so ehrlich, noch so ernsthaft und hingebend meinte.

Gott hasst die Träumerei; denn sie macht stolz und anspruchsvoll. Wer sich das Bild einer Gemeinschaft erträumt, der fordert von Gott, von dem Andern und von sich selbst die Erfüllung. Er tritt als Fordernder in die Gemeinschaft der Christen, richtet ein eigenes Gesetz auf und richtet danach die Brüder und Gott selbst. Er steht hart und wie ein lebendiger Vorwurf für alle anderen im Kreis der Brüder. Er tut, als habe er erst die christliche Gemeinschaft zu schaffen, als solle sein Traumbild die Menschen verbinden. Was nicht nach seinem Willen geht, nennt er Versagen. Wo sein Bild zunichte wird, sieht er die Gemeinschaft zerbrechen. So wird er erst zum Verkläger seiner Brüder, dann zum Verkläger Gottes und zuletzt zu dem verzweifelten Verkläger seiner selbst. Weil Gott den einzigen Grund unserer Gemeinschaft schon gelegt hat, weil Gott uns längst, bevor wir in das gemeinsame Leben mit andern Christen eintraten, mit diesen zu einem Leibe zusammengeschlossen hat in Jesus Christus, darum treten wir nicht als die Fordernden, sondern als die Dankenden und Empfangenden in das gemeinsame Leben mit andern Christen ein. Wir danken Gott für das, was er an uns getan hat. Wir danken Gott, dass er uns Brüder gibt, die unter seinem Ruf, unter seiner Vergebung, unter seiner Verheißung leben. Wir beschweren uns nicht über das, was

Gott uns nicht gibt, sondern wir danken Gott für das, was er uns täglich gibt. Und ist es nicht genug, was uns gegeben ist: Brüder, die in Sünde und Not mit uns unter dem Segen seiner Gnade dahingehen und leben sollen? Ist denn die Gabe Gottes an irgendeinem Tage, auch in den schwierigen, notvollen Tagen einer christlichen Bruderschaft weniger als dies unbegreiflich Große? Ist denn nicht auch dort, wo Sünde und Missverstehen das gemeinsame Leben belasten, ist nicht auch der sündigende Bruder doch immer noch der Bruder, mit dem ich gemeinsam unter dem Wort Christi stehe, und wird seine Sünde mir nicht zu immer neuem Anlass, dafür zu danken, dass wir beide unter der einen vergebenden Liebe Gottes in Jesus Christus leben dürfen? Wird so nicht gerade die Stunde der großen Enttäuschung über den Bruder mir unvergleichlich heilsam sein, weil sie mich gründlich darüber belehrt, dass wir beide doch niemals von eigenen Worten und Taten, sondern allein von dem einen Wort und der einen Tat leben können, die uns in Wahrheit verbindet, nämlich von der Vergebung der Sünden in Jesus Christus? Wo die Frühnebel der Traumbilder fallen, dort bricht der helle Tag christlicher Gemeinschaft an.

Dietrich Bonhoeffer

Autoren

Balling, Adalbert Ludwig, CMM, geb. 1933, 1958 Priesterweihe, freier Mitarbeiter für verschiedene kath. Presseorgane (Zeitungen, Radio, Nachrichtenagenturen) sowie redaktionelle Tätigkeiten.

Benedikt XVI. (Joseph Ratzinger), geb. 1927, 1977 Erzbischof von München und Freising, 1982 Präfekt der Glaubenskongregation in Rom, seit 2005 Oberhaupt der kath. Kirche.

Bonhoeffer, Dr. Dietrich, geb. 1906, evang.-luth. Theologe und Pfarrer, Widerstandskämpfer, 1945 ermordet von Nationalsozialisten im KZ.

Dinkel , Prof. Dr. Christoph, geb. 1963, evangelischer Pfarrer an der Christuskirche in Stuttgart und außerplanmäßiger Professor für Praktische Theologie an der Universität Kiel; im Buchhandel lieferbar: Christoph Dinkel, Freiheitssphären – Vertrauensräume. Predigten, Belatius, Stuttgart 2005.

Feige, Dr. Gerhard, geb. 1951, 1978 Priesterweihe in Magdeburg, 1999 Weihbischof, seit 2005 Bischof von Magdeburg.

Feigenwinter, Max, geb. 1943, Lehrer und Erwachsenenbilder, lebt in Sargans (Schweiz).

Fürst, Gebhard, geb. 1948, 1977 Priesterweihe in Ellwangen, 2000 Bischof der Diözese Rottenburg-Stuttgart.

Grün, Dr. Anselm, OSB, geb. 1945, Studium der Philosophie, Theologie und Betriebswirtschaft, wirtschaftl. Leiter der Benediktinerabtei Münsterschwarzach.

Guardini, Prof. Romano, geb. 1885, kath. Theologe und Religionsphilosoph, 1910 Priesterweihe, gest. 1968 in München.

Horst, Peter, geb. 1927, ev. Pfarrer und Kirchlieddichter, bis 1992 Studienleiter für Konfirmandenunterricht am Pädagogisch-Theologischen Institut in Kassel und Mitarbeiter beim Deutschen Evangelischen Kirchentag.

Johannes Paul II. (Karol Wojtyla), 1946 Priesterweihe, 1964 Erzbischof von Krakau, 1967 Kardinal, 1978-2005 Oberhaupt der kath. Kirche.

Juhre, Arnim, geb. 1925 in Berlin, freier Schriftsteller und Lektor.

Kamphaus, Dr. Franz, geb. 1932, 1956 Priesterweihe, Ernennung zum Bischof von Limburg 1982.

Koch, Dr. Kurt, geb. 1950, 1982 Priesterweihe, 1995 Bischof von Basel.

Körner, Dr. theol. Reinhard, geb. 1951, Karmelit, Leiter des Exerzitienwerkes des Teresianischen Karmel in Deutschland und Rektor des ordenseigenen Exerzitienhauses in Birkenwerder bei Berlin.

Kopp, Dr. Johanna, Sozialpädagogin.

Krummacher, Jo, geb. 1946 in Heidelberg, evangelischer Pfarrer, Theologe, Publizist und MdB.

Läufer, Erich, geb. 1927, Prälat, Studium der Theologie und Philosophie, Chefredakteur der Kölner Kirchenzeitung.

Lehmann, Prof. Dr. Dr. Karl, geb. 1936, 1963 Priesterweihe, 1983 Bischof von Mainz, seit 1987 Vorsitzender der Deutschen Bischofskonferenz, 2001 Kardinal.

Löffler, Bernhard, Pfarrer, Böblingen, Sprecher für „Das Wort zum Sonntag"

Luther, Martin, geb. 1493, geistiger Vater der protestantischen Reformation, Übersetzer der Lutherbibel, 1546 in Eisleben gest.

Meisner, Dr. Joachim, geb. 1933, 1962 Priesterweihe in Erfurt, 1975 Weihbischof in Erfurt, 1980 Bischof von Berlin, 1983 Kardinal, seit 1989 Erzbischof von Köln.

Moltmann, Dr. theol. Jürgen, geb. 1926, 1967-1994 Professor für Systematische Theologie an der Universität Tübingen; seit 1994 emeritiert.

Müller, Rudolf, geb. 1931, 1955 Priesterweihe, 1984 Weihbischof in Görlitz, 1994 Ernennung zum Bischof von Görlitz.

Nies, Hildegard, Diplomtheologin und Diplompädagogin, Schriftstellerin, Supervisorin und Lehrbeauftragte für Interaktionspädagogik.

Nowak, Leo, geb. 1929 in Magdeburg, 1956 Priesterweihe, 1990-2004 Bischof von Magdeburg, emeritiert.

Pemsel-Maier, Prof. Dr. theol. Sabine, geb. 1962, Professorin für katholische Theologie und Religionspädagogik an der PH Karlsruhe.

Pichlmeier, Dr. theol. Andrea, geb. 1962, Referentin am Bischöflichen Seelsorgeamt Passau.

Ranke, Friedrich Heinrich, geb. 1768, Dozent für kath. Theologie in Erlangen, Publizist, gest. 1876 in München.

Reichelt, Bettine, geb. 1967, evang. Theologin, 1997-2000 Pfarrerin, seit 2003 freie Autorin und Lektorin.

Roth, Prof. Dr. Paul, geb. 1925, Arbeit als Journalist und Redakteur, Prof. für Politikwissenschaft in Neubiberg, seit 1990 im Ruhestand.

Schmidkonz, Theo SJ, geb. 1926, Priesterseelsorger für die Diözese Augsburg.

Spangenberg, Peter, geb. 1934, über 40-jährige Tätigkeit als Pfarrer, Dozent für Evangelische Theologie, freier Schriftsteller in Achtrup/Nordfriesland.

Spilling-Nöker, Christa, geb. 1950, studierte Theologie und Pädagogik, tiefenpsychologische Zusatzausbildung, Pfarrerin im Schuldienst.

Steinwede, Dietrich, geb. 1930, zuletzt Dozent für Religionspädagogik am Pädagogisch-Theologischen Institut Bonn-Bad Godesberg.

Sterzinsky, Georg, geb. 1936, 1960 Priesterweihe in Erfurt, seit 1989 Bischof von Berlin, 1991 Kardinal.

Stutz, Pierre, geb. 1953, Theologe, Priester und spiritueller Begleiter, Kurs- und Vortragsarbeit in Deutschland, Österreich und der Schweiz; seit 1992 lebt er im offenen Kloster Abbeye de Fontaine-Andre bei Neuchâtel in der Schweiz.

Thurmair, Maria Luise, geb. 1912, katholische Theologin und Schriftstellerin, leistete umfangreiche Vortragstätigkeit zu Fragen von Glauben, Ehe und religiöser Erziehung, gest. 2005 in Germering.

Walter, Silja, geb. 1919, 1948 Eintritt in das Benediktinerinnen-Kloster Fahr bei Zürich als Sr. Maria Hedwig, zahlreiche Ehrungen im Literatur- und Kulturbetrieb.

Wanke, Prof. Dr. Joachim, geb. 1941, 1966 Priesterweihe in Erfurt, 1981 Weihbischof, 1994 Bischof von Erfurt.

Weinheber, Josef, geb. 1892, österreichischer Lyriker, Erzähler und Essayist, gest. 1945 in Kirchstetten/Österreich.

Weißel, Georg von, geb. 1539, bedeutender Dichter von Kirchenliedern, gest. 1635 in Königsberg.

Ziemer, Dr. theol. Jürgen, geb. 1937, Professor für Praktische Theologie an der Universität Leipzig.

Zink, Jörg, geb. 1922, evang. Theologe, arbeitete als Fernsehbeauftragter der Württembergischen Kirche, gilt als wichtiger Sprecher der Friedens- und Ökologiebewegung; freier Publizist und Fotograf.

QUELLENVERZEICHNIS

1. Adventswoche: Türen öffnen

Benedikt XVI., Predigt zur Vesper am 1. Adventssonntag, 26. November 2005

Peter Spangenberg, Die Tore weit, aus: Heike Hilgendiek/ Wolfgang Brinkel, ... und ganz gewiss an jedem neuen Tag, © Gütersloher Verlagshaus, Gütersloh, in der Verlagsgruppe Random House GmbH, München

Bernhard Löffler, Zeichen am Weg, aus: Zeichen am Wege, Nr. 7, hrsg. v. d. Arbeitsgemeinschaft Kath. Sozialstationen in der Diözese Rottenburg, Stuttgart

Paul Roth, Meditation, aus: „Wir alle brauchen Gott", Echter Verlag, Würzburg 1975

Andrea Pichlmeier, Die Tür öffnet sich von innen, aus: Christ in der Gegenwart 29, 1996.

2. Adventswoche: Die Zeichen der Zeit erkennen

Hildegard Nies, Komm!, aus: Laacher Messbuch 2004, 28.11. 2004

Johanna Kopp, Wenn erst die Wüste blüht ..., aus: Impulse aus dem Glauben

Georg von Weißel, O wohl dem Land, GL 107,3-5

Gerhard Feige, Denn die Gnade Gottes ist erschienen, Predigt zum Weihnachtsfest 2005

Jürgen Moltmann, Wir warten auf dein Kommen, aus: Heike Hilgendiek/ Wolfgang Brinkel, ... und ganz gewiss an jedem neuen Tag, © Gütersloher Verlagshaus, Gütersloh, in der Verlagsgruppe Random House GmbH, München

Georg Kardinal Sterzinsky, Adventsbräuche-Stützpfeiler für die Seele, Manuskript für eine Sendung des RBB-Hörfunk

3. Adventswoche: Unterwegs zum Licht

Josef Weinheber, Anbetung des Kindes, © Josef Weinheber

Benedikt XVI., Generalaudienz vom 21. Dezember 2005

Pierre Stutz, Du Grund unserer Hoffnung, aus: Ders., Bei sich selber zu Hause sein. Eschbacher Adventskalender, © 2003 Verlag am Eschbach der Schwabenverlag AG, Eschbach/ Markgräferland

Adalbert Ludwig Balling, Durch Gottes Licht in die Welt hineinleuchten, aus: Ders., Gott lässt reifen. Mariannhiller Geschenkhefte,

Prof. Jürgen Ziemer, Einsam und hoffnungsvoll, aus: Der Sonntag, 52/2004

Hildegard Nies, Wenn wir uns aufmachen ..., aus: Laacher Messbuch 2005, 6.1.2005

Jo Krummacher, Seht das Kind, © by Gütersloher Verlagshaus, Gütersloh, in der Verlagsgruppe Random House GmbH, München

Prof. Dr. Christoph Dinkel, Sinnliche Weihnachten, Rechte beim Autor

4. Adventswoche: Sich auf das Unfassbare vorbereiten

Max Feigenwinter, Schweige und höre, aus: Ders., Einander Engel sein. Gedanken zur Weihnachtszeit, © 2003 Verlag am Eschbach der Schwabenverlag AG, Eschbach/ Markgräferland, 3. Aufl. 2005

Benedikt XVI., Angelus am 3. Adventssonntag, 11. Dezember 2005

Dr. Joachim Wanke, Bitte bleiben Sie dran, Predigt beim Nächtlichen Weihnachtslob im Erfurter Dom am 24. Dezember 2005

Arnim Juhre, Worauf warten wir, aus: Ders., Frieden will geboren sein, Advents- und Weihnachtsgedichte, © Lutherisches Verlagshaus, Hannover 2001

Georg Kardinal Sterzinsky, Das Wunder im Alltäglichen, Manuskript für eine Hörfunksendung

Franz Kamphaus, „Richtig" Weihnachten feiern?, Rechte beim Autor

Anselm Grün, An Weihnachten feiern wir die Gottesgeburt ..., aus: Das Herz des Tages, Mit Anselm Grün durch das Jahr, © Kreuz Verlag, Stuttgart 2004, S.373

Kardinal Lehmann, Gott kommt in unsere Welt, aus: Mensch Gott! Geistliche Impulse für die Advents- und Weihnachtszeit, © St. Benno-Verlag 2004

Weihnachten: Das Kind vor Augen und im Herzen

Silja Walter, Stille Nacht, aus: Gesamtausgabe Band 10, Freiburg, Schweiz (Paulusverlag) 2005

Johannes Paul II., Botschaft beim Segen *Urbi et orbi,* 25. Dezember 2003

Jörg Zink, Ich erinnere mich meiner Kindertage, ..., aus: Ders., Grüße zur Heiligen Nacht, © Kreuz Verlag, Stuttgart 2002, S. 5

Leo Nowak, Vergiss nicht, alles ist geschenkt, Predigt zu Christmette 2001, Kathedralkirche St. Sebastian, Magdeburg

Joachim Kardinal Meisner, Die Rettung der Menschenwürde, aus der Predigt zum ersten Weihnachtstag im Hohen Dom zu Köln am 25. Dezember 2003.

Bischof Rudolf Müller, Weihnachten – ein Fest für alle, nach einer Predigtvorlage von Wilhelm Schmidt aus: Wilhelm Schmidt, Weihnachten – Fest der Armen, aus Gottes Wort im Kirchenjahr, 1992 Echter Verlag, Bd.1, S.61f.

Peter Horst, Segen, aus: Materialheft 20, Gottesdienst für Festtage, Beratungsstelle für Gestaltung von Gottesdiensten, Frankfurt 1976

Neujahr: Maria – Pforte des Himmels

Anselm Grün, aus: Ders., Marienfeste, © Vier-Türme-Verlag GmbH, Verlag, Münsterschwarzach

Romano Guardini: Alle Autorenrechte liegen bei der Katholischen Akademie in Bayern, Romano Guardini, Die Mutter des Herrn. Ein Brief und darin ein Entwurf, 2. Taschenbuchauflage 1990, S. 38f., Matthias-Grünewald-Verlag, Mainz

Benedikt XVI., Enzyklika "Deus caritas est", Nr. 42

Joachim Kardinal Meisner, Von der weihnachtlichen Freude, aus der Predigt zum ersten Weihnachtstag im Hohen Dom zu Köln am 25. Dezember 2003.

Theo Schmidkonz, Meditation, aus: Maria. Gestalt des Glaubens, St. Benno-Verlag, Leipzig, 2001

Marie Luise Thurmair, Maria, Mutter unsres Herrn, GL 577

Erscheinung des Herrn: Von Ehrfurcht und Anbetung

Friedrich Heinrich Ranke, Herbei, o ihr Gläub'gen, Evangelisches Gesangsbuch, Nr. 45

Sabine Pemsel-Maier, Verheißung und Bedrohung des Lebens, aus: Konradsblatt 52/2004

Gebhard Fürst, Was Gott für uns bedeutet, aus: Konradsblatt, Weihnachten 2004

Pierre Stutz, Neujahrswoche: Unsere Sehnsucht weitertragen, aus: Ders., Weihnachten – unserer Sehnsucht folgen, HERDER spektrum Bd. 5098, S. 123f., © Verlag Herder, Freiburg im Breisgau, 2. Aufl. 2002

Kurt Koch, Sternstunde der Anbetung, aus: Ders., Weihnachten entdecken, S. 114f., © Verlag Herder, Freiburg im Breisgau, 1997

Christa Spilling-Nöker, Sterne weisen dir den Weg, aus: Dies., Sterne weisen dir den Weg. Geschichten und Gedichte zur Advents- und Weihnachtszeit, 2001

Von der Taufe: Der geliebte Mensch

Dietrich Steinwede, Der geliebte Mensch, Sachbilderbuch „Von Gott", © Verlag Ernst Kaufmann, Lahr, Patmos Verlag, Düsseldorf

Johannes Paul II., Angelus am Fest der Taufe des Herrn, 11. Januar 2004

Reinhard Körner, Du bist mein geliebter Sohn ..., aus: Wer bist du, Jesus? Einübung in die Kernfrage des christlichen Glaubens, St. Benno-Verlag, Leipzig, 2000

Dietrich Bonhoeffer, Das Geschenk der Gemeinschaft, aus: Ders., Gemeinsames Leben/ Das Gebetbuch der Bibel, © by Gütersloher Verlagshaus, Gütersloh, in der Verlagsgruppe Random House GmbH, München

Texte von *Benedikt XVI.*, Johannes Paul II.:
 © Libreria Editrice Vaticana, Città del Vaticano

Alle Bibelzitate:
Einheitsübersetzung der Heiligen Schrift, © 1980 Katholische Bibelanstalt, Stuttgart

Wir haben uns bemüht, alle Rechteinhaber in Erfahrung zu bringen. Für zusätzliche Hinweise sind wir dankbar.